아무도 무릎 꿇지 않은 밤

아무도 무릎 꿇지 않은 밤

—

목수정
에세이

생각
정원

다시 밤이다. 시간은 새벽 3시로 접어든다. 지난 3년간, 헉헉 가쁜 숨을 몰아쉬며 이 밤의 산등성이를 올랐다. 머리와 심장 사이로 피가 들끓고, 솟구치고, 역류하던, 잠들 수 없던 그 밤들이 시작된 건 온갖 부정한 방법이 동원되었던 2012년 12월의 대선, 허술한 기만이 우리 사회를 점령하던 무렵이었다. 어디엔가 있을 진실을 찾고 싶은 마음은 조각난 글들 사이를 헤매고, 또 어디론가 띄워 보내며 세상과 미친 듯이 소통하게 했다.

세월호가 가라앉고 한 사람도 건져내지 않았다. 바닷물을 다들이마셔서라도 갇힌 아이들을 구하고 싶었던 부모들의 마음으로 울며 지새우던 그 시간. 거짓이 거짓을, 부패가 부패를, 기만이 기만을 덮는 시간들이 끝나지 않는 악몽처럼 이어졌다.

같은 시각 유라시아 대륙의 9,000킬로미터 저편엔 또 다른 비극들이 별처럼 쏟아져 내렸다. 동유럽에서 건너온 집시들에 이어, 지중해를 건너 검은 대륙으로부터 밀려들던 슬픈 얼굴의 난민들이 도시의 골목골목을 매웠다. 그 난망한 상황은 극우파의 준동을 부추겼고, 찢길 듯 벌어지던 불평등의 골은 이민자의 심장에 분노를 드리우며, 파리는 어느덧 테러의 아이콘이 되었다. 나는 사회주의자가 아니라는 공공연한 자백이 사회당 내각에서 튀어나오고, 노동자의 목을 기업에게 갖다 바치겠다는 터무니없는 노동법이 의회도 거치지 않은 채 대통령 직권으로 통과되었다.

파리에 동시다발의 테러가 벌어지고 길거리에 피가 홍건히 고이던 다음 날. 서울에선 백남기 농민이 물대포에 쓰러졌고, 프랑스와 다름없이 노동자의 목을 기업에 바치겠다는 노동법 개악, 그것을 거부하는 노동자들이 거리에 나섰다가 줄줄이 끌려갔다. 이에 깃발을 들었던 해고 노동자 한상균은 5년형을 선고받고 복역 중이다.

일어서는 모든 자에게 그들은 반역을 선고한다. "도망간 노예들을 불러들이는 시간", 그 노예들을 불러 이제 더 단단한 족쇄를 채우는 시간. 지난 세기, 피와 땀으로 세운 원칙들이 휴지처럼 폐기되는 시간들이 대륙의 양단에 동시에 덮쳐 왔다. 내 몸과 머리와 심장을 양분하는 두 사회의 그 현란한 퇴행의 회오리 속에서 살았고, 움직였고, 사랑했고, 그 흔적은 화기 어린 글들로 토해져 나왔다.

프랑스는 사우디아라비아에 무기를 팔고, 사우디아라비아는 그 무기를 IS에 대주며, IS는 그 무기로 프랑스에 테러를 벌이고, 프랑스는 테러범들에게 다시 폭탄을 퍼붓는……. 이 이해할 수 없는 악의 미로, 세계의 멸망을 자초하는 이곳에서, 출구를 찾던 사람들은 탈진했다. 그들은 출구를 찾는 대신 같은 땅에 새로운 세계를 만들기로 했다. 정부도, 경찰도, 기업도 없고, 그 대신 음악과 시와 토론, 관용과 사랑으로 채워지는 세계가 밤마다 공화국 광장에 세워졌다. 9,000킬로미터 저편 광화문에, 강남역 삼성 건물 앞에, 밀양에, 성주에 결코 불의한 요구에 무릎 꿇지 않는 사람들이 눈을 뜨면 하나둘 생겨났듯이.

　아무도 무릎 꿇지 않은 밤.

　서로가 서로의 생명을 보듬고 연대하고 상생하는, 사랑으로 충만한 그 아름다운 밤을 함께 맞을 모든 분 앞에 이 책을 드린다.
　아울러 높은 파고로 술렁이는 파리의 오늘을 섬세한 미감으로 포착한 사진들을 기꺼이 전해주신 사진작가 진병관 님께 감사의 마음을 전한다.

목차

2 ——
아틀리에의 먼지 속에 뒤덮이지 않을

3 ——
끝나지 않는 부조리극

4 ——

유럽사회의 어둠과 빛

5 ——
가파른 땅을 최대한 평평하게

1

어제까지의 삶이 축적된 몸

여전히 낯선 세상,
그래서 늙을 수 없다

＼

처음 파리에 와서 1~2년간, 나를 둘러싼 시간이 정지된 것처럼 느꼈다. 시간이 멈췄기에 나는 노화를 멈췄다. 당시 나는 사회적으로 10대 수준도 안 되는 언어능력과 생활능력을 가진, 몸만 어른인 존재였으니까. 언어를 지배하지 못하는 상황에서 지적 성숙이 지체되는 것은 당연한 일이었으나, 육체의 노화가 멈추는 느낌은 예상 밖이었다.

어린아이와 같은 호기심과 깨달음, 발견으로 채워지던 시절이었다. 세상에 저항하던 정신의 세포가 하나하나 낯선 향기에 무장해제되고, 깨어나며, 왕성하게 새로움에 반응했다. 두려움

Place Saint-Sulpice, Paris, 2016.

을 모르고 질주하는 해방의 시기를 맞았던 것이다. 유학생활을 하던 첫해 여름 방학, 레스토랑에서 서빙을 하기 위해 이력서를 제출했다. 면접을 볼 때 29세라고 했더니 사장이 날 다시 쳐다봤다. "뭐? 19세가 아니라 29세라고?" 당시엔 다들 나를 열 살쯤 어리게 봤다. 관광공사에 다닐 때와 그때의 사진을 놓고 비교해보면, 확실히 스물세 살 관광공사 시절이 노숙하다. 그때난 국영기업체의 직원이었고, 스물아홉 살의 난 이제 막 말을 배우는 어리바리한 학생이었으니까.

이후 17년이 흘렀다. 여전히 프랑스에서의 삶에 완전히 익숙해지지 않았다. 책을 읽으려면 아직도 모르는 단어들을 무수히 만나고, 연극을 보러 가면 혼자만 웃지 못하는 경우가 허다하다. 나를 둘러싼 그 무수한 벽들을 넘기 위해 여전히 애쓴다. 하나씩 어휘를 알아나가고, 몰랐던 역사적 사실들을 발견해나가며, 현지인들이 인생의 희로애락을 조율하는 방식을 익힌다.

언젠가는 담을 뛰어넘기를 포기할 날이 올 거다. 그때부터난 꽉 늙을지 모른다. 늙는다는 것은 익숙해진다는 것이다. 더는 무엇도 새롭지 않고, 낯선 도전이나 경험을 거부한다는 것이기도 하다. 익숙해지는 것엔 두 가지 방식이 있다. 나의 반경을 축소하여 그 좁은 틀 안에서만 세상을 사는 것. 그리고 나를 넓히고 넓혀 세상 어디에 가든 낯섦이 껄끄럽거나 아프지 않게 되는 것. 그래서 그 낯섦을 순리로 보고 받아들이는 경지에 이르는 것.

거리에서 종종 마주친다. 삶의 작은 반경에 다만 자기 삶을 부려놓고, 오직 그 속에서 살아남기 위해 분투한 사람들의 얼굴. 사람의 얼굴은 얼마나 적나라하게 그 속에 삶을 함축하고 있는지. 그것은 축복이기도, 때론 형벌이기도 하다. 나이든 아시아 여성들. 그들의 현재는 고스란히 나의 미래다. 유독 그들에게서 방어적인 눈빛을 많이 본다. 그들은 인생에서 여러 번 선택의 기로에 섰고, 나를 확장하는 대신 내가 선 땅을 단단히 구축하는 선택을 했을 것이다. 어찌 보면 그 눈은 나와 내 가족을 지키기 위해 스스로 쌓아 올린 둑 안에서 세상을 경계하며 바라보는 눈이다. 그들에겐 최선의 선택이었겠지만, 항해를 멈추고 닫힌 세계에서 맴도는 슬픔이 배어나온다.

항해의 목적은 안전하게 돌아오는 데 있지 않다. 항해의 목적은 더 멀리 항해하는 것에 있다. 육체의 생명이 다하는 날, 바로 그날 나의 정신도 성장을 멈추기를 바란다. 내 정신이 이미 오래전에 멈추었음에도 육체가 꾸역꾸역 삶을 영위하는 민망한 사건이 가급적 일어나지 않기를 기도한다. 나의 육체와 정신이 함께 손잡고 오래오래 월越담하고 월담하기를.

알몸으로
사람을 만나는 사치

＼

조카가 대학생이니 언니가 결혼한 지 20년은 족히 넘은 것 같다. 언니가 결혼하고 나서 며칠 뒤, 엄마한테 물었다. "언니 시아버지는 뭐하시는 분이야?" 엄마는 심드렁한 목소리로 답하셨다. "몰라." 결혼식장에서 사돈처녀인 나에게 잘 부탁한다고, 머리 숙여 인사하시던 그 어른이 어떤 직업을 가졌던 분인지 나는 여전히 모른다. 형부는 언니와 같은 과 커플이었으니, 당연히 무슨 대학을 나왔고 무슨 일을 하는지는 알지만 말이다. 엄마한텐 형부의 사람됨, 그리고 자기가 신뢰하는 딸이 데려온 남자라는 사실만이 중요했을 뿐이다. 그 집이 무얼 하는 집안인지, 몇 평짜리 집에 사는지, 형제들이 뭘 하는지는 중요하지 않았고 궁금해하지 않았다. 아마 엄마는 칼리 아빠에 대해서도 나이 많은 예술가라는 것밖에 더 아는 게 없으실 거다. 내가 데려온 남자니 그러려니 하셨을 것이고, 큰소리 안 내고 사는 걸 보니, 그럭저럭 살 만한가 보다 하시는 거다.

  사람들이 서로의 스펙을 묻고, 진열하고, 서열화하는 것은, 사람 볼 줄 아는 능력을 상실해가기 때문이다. 사람 눈빛과 낯빛 보면 대충 알고, 몇 번 말 붙여보면 더 또렷이 느낀다. 글 쓰는 것, 사람 대하는 것을 보면 더 정확히 파악할 수 있다. 물론 이러한 직관을 가지려면 자신과 자신의 삶에 대한 믿음이 필요하다. 내 엄마가, 자신이 키운 자식이 성장하여 데려온 남자를 뜯어보고 자시고 할 것도 없이 받아들였던 것처럼. 자신의 삶에 대한 믿음이 있으니, 그 결과물인 자식의 선택에 대해서도 조건 없는 신뢰를 보낼 수 있었던 것이다. 인간을 점수화하고 서열 속에 집어넣어 보아야만 비로소 파악할 수 있다는 건 직관을 상실해가는 우리의 모습을 투영한다.

하지만, 정말 그런가. 알파고^{AlphaGo}에 연패하면서 세상을 술렁이게 했던 이세돌의 한마디, "인류가 진 게 아니라 이세돌이 진 거다." 우리는 그 말로 그의 담백한 인간성을 알아볼 수 있었다. 다행스럽게도 인간은 직관을 완전히 상실하지 않았다. 다만 점점 자신을 믿지 못하고, 자신을 믿지 못하는 사람들이 축적된 사회에서 불안을 볼모로 서로에게 증거를 요구할 뿐이다.

프랑스 책들을 사 보면, 책날개에 저자의 얼굴은커녕 이름 말고는 소개 한 줄 없는 경우가 대부분이다. 기껏 독자에게 친절을 베푸는 출판사가 있다면, 저자가 같은 출판사에서 낸 책들의 목록을 알려주는 정도. 이 프랑스식 불친절은 책에 대한 존중이며, 결국 독자에 대한 존중이기도 하다. 어떤 편견이나 선입관도 없이 책과 직접 대면하라는 주문이다. 유명인사의 추천사 한 줄 없어도 망설임 없이 책장을 열고 저자의 목소리와 단도직입으로 만나라 청하는 것이다.

그 누구든 어제까지의 삶이 축적한 알몸의 주인으로 만날 수 있는 세상. 그런 사치, 맘껏 누리고 싶다.

당신들의 계급을 동정한다

\

광복 70주년이라는데, 난데없이 옛 남자친구가 생각났다. 짧게 사귀고 아쉽게 헤어졌던.

그의 아버지는 소위 '친일파'로 불릴 수 있는 사람이었다. 일제강점기 때 일본인 선생에게 호감을 사서 일본으로 유학 가고, 역시 친일파였던 윤보선의 계파를 타고 국회의원도 하고 차관도 하고, 재산도 상당히 축적한 집이었다.

나의 할아버지는 독립운동을 하다가 일제의 고문에 돌아가셨다. 어린 오 남매를 남겨둔 채. 내 아버지는 그렇게 가장을 잃은 집안의 장남이셨다. 아버지의 삶이 할아버지의 삶만큼 대의를 위해 희생된 고행 길이었다고는 할 수 없지만, 매사 조심스럽게 발을 내디디며 사셨다. 자칫하다간 목숨이 달아나고, 다른 가족의 삶 또한 위태로워진다는 걸 몸으로 익히셨기 때문이다.

어느 날 우리 둘은 그 사실을 마주했다. 스물. 스물 둘. 어차피 미래를 약속하기엔 너무 성급한 나이였지만, 그 사실을 알게 되었을 때 뭔가 질려 하던 그의 얼굴을 잊을 수 없다.

그는 정치에 무관심했고, 돈에 대해서도 그러했다. 그림을 잘 그렸지만 아버지로부터 그림 그리는 것을 금지당했고, 상처받은 어린 늑대 같은 구석이 있었다. 난 언제나 그림을 잘 그리는 남자에게 이끌렸고, 상처받은 늑대에게서 고개를 돌리지 못했다. 그는 나보다 두 살 많았지만, 생각도 행동도 어렸다. 그의 친구들도 그와 비슷했다. 대학생이지만 세상사에 무심하고 좀처럼 사고를 확장하지 않았다.

스물여덟의 김민석이 200표 차이로 낙선하던 그 보궐선거에서, 바로 그 지역구에 살았던 그와 그의 친구들은 아무도 투표

하지 않았고, 선거에 티끌만 한 관심도 보이지 않았다. 그의 친구들은 자신들의 울타리에서 한 발자국도 벗어나려 하지 않았다. 그들은 부천에 산다는 나에게 "부천에도 이층집 있어?" 같은, 터무니없는 질문을 던지기도 했다. 그때는 그런 유치한 조롱에 상처받지 않을 만큼, 순진무구하기도 했고, 단단하기도 한 자존심을 갖고 있었다.

나에게는 독립운동을 한 할아버지, 그래서 숙명처럼 가난과 싸웠던 청년기를 거쳐, 시를 쓰고 교사가 된 아버지가 있었다. 청빈하지만 정신적으론 풍요로운 삶을 가르쳐주셨던 두 분이었기에 우리 집이야말로 '좋은' 집안이라는 생각에 한 톨의 의심도 가진 적이 없었다.

그와 그의 친구들은 하나같이 자신이 속한 계급의 치부를 알고 싶어 하지 않았고, 다른 세상을 궁금해하지 않았다. 그랬다가는 누리던 모든 것들을 마음 편히 누릴 수 없다는 걸 본능적으로 알았는지 모른다. 그와 사귀던 몇 개월은 마치 물컹하고 끈적한 미로 속을 헤매는 기분이었다. 잔뜩 부푼 풍선 같은 그

Paris, 2016.

들의 세계가 무엇으로 굴러가는지 그때는 이해하지 못했다.

난 '계급'을 지극히 기계적인 마르크스의 피조물이라고 비웃어왔지만, 그 피조물에 많은 사람이 갇혀 있다는 사실을 지금은 인정하지 않을 수 없다. 적어도 이 땅에는 역사를 맹렬하게 직시하며 진실을 향해 나아갈 수 있는 계급과 흐릿하고 매캐한 세상에서 안개가 걷히는 걸 절대 바라지 않는, 눈 부릅뜨고 하늘을 우러러볼 수 없는 계급이 있다. 그와 나는 결코 만나질 수 없는 계급에 속해 있던 사람들이고, 1980년대 대학이라는 용광로 속에서 잠시 사고처럼 부딪히고 이끌렸을 뿐이다. 역사 앞에 떳떳한 계급과 역사를 계속 매장해야만 비로소 고개를 들 수 있는 계급의 두 사람이 손을 맞잡는 건 불가능하다. 비루하게 왜곡된 역사가 청산되지 않았기 때문이다.

그 청산되지 못한 역사, 거짓이 계속 거짓을 부르게 만드는 이 고단한 시대의 패배자는 속죄의 길을 찾지 못하여 계속 비굴할 수밖에 없는 그들이다. 나는 당신들의 계급을 동정한다.

부드럽게 vs 빨리빨리

안전불감증. 이는 한국사회가 극복해야 할 단순한 질병이 아니다. 그것은 우리 사회가 맺어온 악마와의 거래가 빚은 필연적 결과다. 우리 사회는 안전을 무시하는 대신 속도와 효율을 선택하기로 암묵적 동의를 해왔다. 인명과 인권, 과정의 즐거움을 포기하는 대신 기적적인 고속성장, 효율을 선택한 것이다. 안전을 도모하고 일하는 사람을 사람답게 대하는 대신 작업 기간을 최대한 단축하고, 최저비용으로 최대의 성과를 내고 싶어 한다. 그 속에서 인간은 앞다투어 기계 흉내를 내야 한다. 그러다

마레지구에서 본 전선에 걸린 신발. Paris, 2016. ▶

27

보면 돌발 상황이 일어나도 어떤 기지나 온정을 발휘할 수 없는 기계의 아둔함과 냉정함까지 답습하는 오류에 빠진다. 사고가 일어나더라도 달려가던 기차를 멈춰 세우는 건 낭비로 간주한다. 사고로 인해 생겨난 희생자와 피해자도 버린다. 대大를 위해 소小는 과감히 배제된다. 시간을 두고 서로 협력하고 연대하여 함께 문제를 해결해나가는 지혜를 배우는 대신, 경쟁 시스템을 도입하여 죽기 살기로 서로를 밟는다. 심지어는 텔레비전의 오락프로그램까지 경쟁 구도가 아니면 만들어지지 않는다.

프랑스사회가 한국사회와 다를 수밖에 없는 이유가 있다. 뼛속까지 새겨진 시간과 삶에 대한 근본적인 시각차다. 이를테면 이런 거다. 프랑스 사람들은 지각해도 뛰지 않는다. 참 기가 막히다. 학교에 아이를 데려다줄 때 2~3분이라도 지각할 것 같으면 나는 아이에게 "뛰어"라고 말하고 죽을힘을 다해 뛴다. 그렇게 뛰어서 간신히 제시간에 교실까지 아이를 바래다주고 학교를 나서면, 아무 일도 없다는 듯이 천천히 걸어오고 있는 다른 아이들과 학부모들을 발견한다. "좀 늦었기로서니 아침부터 헐떡이며 뛸 순 없지." 딱 이런 태도다. 서두르고 재촉하고 허둥대는 거, 이 사람들은 체질적으로 못한다. 어떤 직종에 있는 사람이나 그렇다. 이는 과정을 결과만큼이나 중요하게 여기는 태도에서 나오는 행동이 아닐까 싶다. 이들은 그 어떤 상황에서든 "인생은 즐기는 거고 나는 내 인생을 즐기는 중이야"라고 말하는 듯하다. 자신을 삶의 중심에 두고 스스로의 리듬으로 삶의 완급을 조절하는 것에는 어떤 타협도 거부한다.

한번은 파리 외곽에서 열린 콘서트에 갔었다. 공연이 끝난 뒤 나와보니 관객들을 지하철역으로 데려다주기 위한 셔틀버스가 기다리고 있었다. 늦은 시간이었기 때문에 7분 안에 지하철역에 도착하지 않으면 모두 막차를 놓칠 상황이었다. 버스 기사는 그때 버스에 들어오더니 천천히 외투를 벗어 좌석에 얌전히 걸어놓고, 뒤돌아 승객들에게 농담까지 한마디 던지며 느긋하게 시동을 건다. 그 느긋함은 내 한국인 유전자로는 도저히 흉내낼 수 없는 것이었다. 결국, 버스는 적절한 시간에 승객들을 내려주었고, 모든 사람이 마지막 지하철을 타고 갈 수 있었다. 승객들이 그에게 재촉하고 버스 기사가 과속운전을 했더라면 위험한 상황이 발생했을지 모른다.

한번은 칼리 담임 선생님이 허리가 아파서 일주일간 결근하신 적이 있다. '허리 좀 아프다고 일주일이나 결근을?' 나는 이렇게 생각했지만, 다른 학부모들은 담임 선생님이 결근할 때 그를 대신할 선생님이 없다는 사실을 지적했다. 사르코지 때 교원 수를 대폭 축소한 여파가 아직도 극복되지 않은 것에 대한 불만이었다. 그러나 그 불만이 몸이 아파 결근한 사람을 향한 원망으로 변질되진 않는다. 삶의 중심이 자신의 안녕에 있으므로, 다른 사람이 아플 때에도 충분히 쉴 권리를 인정한다. 아픈 교사에게 유능한 의사의 주소를 가르쳐주자는 논의까지 나온다. 직업에 대한 사명감으로 아픈 몸을 끌고 나와 아이들을 가르치는 선생의 희생정신 같은 건 아무도 바라지 않았다.

이 나라는 한 달에 두세 번씩 끊임없이 아이들을 학교 밖으로 내돌린다. 영화관에 가기도 하고, 공연장, 박물관…… 때로는 꽤 먼 곳에 있는 성을 방문하기도 한다. 그럴 때마다 학부모 두세 명이 동행한다. 그때 그때 지원자가 가는 건데, 서로 가려고 난리다. 그걸 볼 때마다 신기했다. 왜 서로 가려고 야단일까?

나처럼 시간을 융통성 있게 쓸 수 있는 직업을 가진 학부모들도 있지만, 그렇게 아이들의 야외학습에 따라가는 학부모들은 대개 휴가를 내고 가는 것이다. 아이들의 안전은 중요하니까. 아이들을 돌보는 책임을 나누면 안전도는 배가된다. 학부모 입장에서는 아이가 집단 속에서 어떤 식으로 어울리고 행동하는지를 관찰할 좋은 기회이기도 하다. 여기에는 하루 일을 멈춤으로써 감수해야 할 손해보다 아이의 안전을 지키고 아이의 활동에 동참하는 것이 훨씬 소중하다는 생각을 사회 전체가 공유한다는 전제가 깔려 있다. 그렇지 않다면 감히 그런 이유로 회사에 휴가계를 낼 수도 없고, 그것을 이해해주는 회사도 존재하지 않을 것이며, 애초에 학교 측에서 학부모들에게 그런 부탁을 하지도 않을 터이다.

프랑스 부모들은 아이들에게 '빨리' 하라고 말하지 않는다. 대신 '부드럽게' 하라고 말한다. 모든 프랑스 아이들은 이 '두스망 doucement'이라는 말을 수천 번 들으며 자란다. 처음 이 말을 들었을 때 '대체 뭘 부드럽게 하란 거야, 이렇게 모호한 말이라니' 싶었다. 하지만 이제는 안다. '두스망'이라는 말은, 7분 안에 지하철역까지 승객들을 데려다주어야 하는 버스 기사가 느긋하고 여유 있게 운전을 할 수 있게 해준, 바로 그 가치이자 행동양식이다. 무언가를 배울 때, 사람들과 관계를 맺을 때, 심지어는 아침에 지각할 위기에 처했을 때도, 이 사람들은 부드럽게 행동한다.

세월호 사태 직후 한국의 어느 방송사와 인터뷰했을 때, 진행자가 프랑스에는 어떤 재난구조 시스템이 있느냐고 질문하기에 일단 그에 대한 답은 했지만, 나는 생각했다. 어떤 긴급재난구조 시스템이 있는지 없는지가 사고를 줄이는 관건이 결코 아니라고. 그 시스템을 작동시키는 것은 사람이고, 그 사람을 움직이는 것은 그 사람의 몸에 밴, 어릴 때부터 사회와 학교와 부모가 주입한 행동양식일 테니. 1등이 아니면 아무도 기억하지 않는다는 생각을 주입받고 자란 사람들이 안전 대신 속도를 선택하는 건 너무 당연한 결과다.

〈응답하라 1988〉이 남긴
다섯 가지 깨달음

＼

1. 〈응답하라 1988〉에서 가장 길게 울었던 대목은, 성동일이 쇠
고기 한 덩어리를 신문지에 싸 들고 퇴근하던 장면이었다. 그
날따라 늦어졌던 퇴근. 없는 형편에 고기 한 덩어리를 들고 있
는 그를 발견한 아내의 구박에 그는 말한다. 빚보증을 서게 하
여, 반지하 셋방으로 가게 한 친구가 이제 빚을 다 갚았노라고.
더는 월급을 차압당하지 않아도 된다고. 그들의 삶에서 매달 살
점을 뚝뚝 베어가던 압류가 사라지자, 악다구니로 일관되던 그
들의 대화는 한결 부드러워졌다. 꿈을 자진 반납해야 했던 큰딸
보라에게도 사법고시를 준비하라 말할 수 있었다. 개천 용들의

유일한 승천 길이었던 사법고시도 당장 안전하게 목구멍에 들어갈 양식을 벌어야 하는 사람들에겐 닿을 수 없는 사치였음을 작가는 알고 있었다. 가난이 사악한 것은 꿈 자체를 지우기 때문이다. 자신의 꿈뿐 아니라 아무 죄 없는 자식들의 꿈까지 지워버렸고, 그로 인해 부부는 서로에게 악을 써대며 살았다. 그 기쁜 날, 발목에 매달려 있던 쇠사슬이 일순간 사라진 날, 성동일은 덩실덩실 춤추기보다 비장한 표정을 지었다. 그것은 그가 명예퇴직을 '당하고' 온 날의 표정과도 비슷했다. 살얼음판 위를 걷던 사람이 비로소 땅 위를 걷기 시작했을 때, 그 평범한 삶에 도달한 감격은 호들갑으로 표현될 수 없었다. 감히 바랄 수도 없어 보였던 평범함을 기적처럼 얻었을 때 기쁘기보다 비장해진다는 걸, 배우는 잘 표현했다.

2. 라미란 연기의 압권은, 파일럿이 되기 위해 사천으로 내려가는 아들 정팔을 다정한 말로 보내고 현관문이 닫히자마자 남편 팔에 꺾이듯 파묻혀 우는 대목이다. 아들은 꿈을 힘차게 이뤄가고 그들의 삶에 걱정거리는 이제 없어 보인다. 그러나 점점 더

품에서 멀어져갈 아들을 다시 떠나보내는 순간, 더 격하게 생성된 사랑의 감정이 절벽으로 고꾸라지는 듯했다. 그것은 그녀에게 닥쳐온 폐경처럼 일순간 가슴을 후려치며 달려들었다.

3. 무뚝뚝해 잘 드러내지 못했던 정팔의 짝사랑이 고백과 동시에 폐기되자, 그 사랑에 감정 이입하던 사람들의 성난 목소리가 인터넷에 넘쳐났다. 그러나 만약 반대였다면, 그 고백이 마침내 덕선의 심장을 꿰뚫고 둘의 사랑을 이어주었다면, 택의 사랑을 응원하던 사람들의 통곡이 대신 인터넷을 덮었을 것이다.

어릴 때 엄마를 잃고 아빠와 함께 서울로 올라온 택은 그때부터 쭉 덕선을 좋아했다. 엄마는 언제나 보고 싶고 그리운 존재였고, 덕선은 그 빈자리를 채워준 사람이었다. 긴 대국을 끝내고 난 택에게 덕선은 한 번도 "이겼어?"라고 묻지 않았다. "너 괜찮아? 이제 쉬어"라고 말했다. 이기고 지는 것은 한 번도 그녀의 관심사가 아니었다. 그의 안녕과 평안. 그것을 묻고 챙기고 지켜주는 것이 덕선이었다. 둘의 스킨십은 키스가 아니라, 덕선의 어깨에 풀썩 머리를 기대는 택의 몸짓에서 시작되었다.

한 번도 위악을 떨지 않고, 좋아하는 마음을 고스란히 보여준 덕선을 향해 언제나 환한 미소만을 보이던 택의 투명한 사랑이 덕선의 마음에 먼저 가닿는 것은 당연해 보였다. 둘이 처음으로 맨 정신에 키스하고 난 후, 택은 수면제를 복용하지 않고 잠이 들었다. 그리고 그 후로 쭉, 수면제 없이 잠들 수 있었다. 마음을 내려놓을 수 있는 그곳에 차분히 안착했던 것이다. 택의 사랑은 절체절명의 것이었다.

4. 만옥 아빠의 실체는 동대문 원단 장수였다. 많은 사람을 궁금하게 하던 그의 존재가 드러났을 때, 다시 한 번 배역에 똑떨어지는 배우를 골라낼 줄 아는 제작팀의 세심함에 고마워했다. 만옥 아빠를 연기한 배우는 그 짧은 분량에서도, 그가 처해 있는 계급의 욕망과 아쉬움, 성공에도 불구하고 느껴야 하는 비애를 온전히 표현했다. 그리고 그런 아빠를 부끄러워하던 자신을 나무라며 당당히 있는 모습 그대로를 남자친구에게 드러낸 만옥을 통해 사랑과 행복을 거머쥐는 가장 현명한 방법을 작가는 설파했다.

5. 질투하지 않는 인간관계. 그것이 얼마나 서로를 풍성하게 해줄 수 있는지를 보여주는 드라마였다. 쌍문동 골목에서 피어나는 톡톡한 '정'의 본류는 세 엄마 간의 돈독한 우정이었다. 그들의 우정은 아이들에게로, 그리고 가장 난이도 높은 지대인 남편들에게까지 이어졌다. 질투는 결단코 인간의 본능이 아니다. 그것은 만인이 만인을 향한 경쟁을 통해 단 하나뿐인 줄에 일렬종대로 서서 우열을 겨뤄야 한다고 믿는 이데올로기에서 작동되는, 자본주의에 의해 학습된 어리석은 태도일 뿐이다. 만인에게는 만인의 길이 있으며, 우린 그 길들을 서로에게, 그리고 자신에게 허락해야 한다. 싸움은 그 다양한 길을 허락하지 않는 세상과 해야 하는 것이다. 아메리칸 인디언, 중국의 모쒀족 등 자본주의와 가부장제로 인간의 본성이 침해되는 참사를 겪지 않은 인류는 경쟁과 질투를 모르고 살았다. 그들에게 인생은 하나의 목적지를 향해 달려가는 경주가 아니라, 자연을 누리고 이웃과 어울려 서로를 경배하고 축복하는 향연이었고 축제였다.

잉그리드와
프레드의 결혼식

\

결혼식에 갔었다. 파리 근교의 성에서 이루어진 결혼식이었다. 함께한 지 11년 된 커플. 그들은 그 오랜 세월을 함께해왔음에도 마냥 떨리고 흥분된 모습이었다. 모인 하객은 100명. 성 입구에서 하객들을 맞이하던 신랑 누나가 반질반질한 돌을 하나씩 나눠준다. 식이 진행되는 동안 하나씩 손에 꼭 쥐고 있다가, 식이 끝날 무렵 다시 돌려달란다. 우리의 축복과 사랑을 가득 담은 그 돌을 신랑 신부가 간직할 수 있도록.

  오후 네 시. 식이 시작되었다. 신랑의 매형이 사회자였다.

신랑 신부의 부모가 먼저 입장하고, 이윽고 이날의 주인공이 입장했다. 그리곤 신랑 신부의 하객 가운데 각각 다섯 명씩 나와 축사를 읽는다. 신랑 신부가 얼마나 좋은 사람인지, 두 사람이 나누는 사랑을 지켜보며 어떠어떠한 대목에서 기쁨과 슬픔을 함께 나누었는지를 증언하는 축사들이다. 첫 번째 축사를 읽은 신부의 친구는 출산한 지 3주 밖에 되지 않았다. 그녀는 3주 된 아기와 남편, 부모를 모두 데리고 결혼식에 참석하여 감동적인 축사를 읽어내려갔다. 웃음과 눈물이 한없이 교차하던 시간이었다.

이윽고 신랑과 신부의 어머니가 사랑이 가득 담긴 축사를 읽었다. 끝으로 신랑과 신부가 서로에 대한 마음을 담은 진솔한 청혼의 글을 읽었다. 신부의 마지막 문장은 이러했다. "나는 오늘 당신의 신부가 되는 것이 무척 자랑스럽습니다." 그녀의 초록 눈이 눈물로 반짝였다.

식이 끝난 뒤 야외에서 칵테일파티가 열렸다. 100명의 하객들은 서로 인사를 나누고 열 명 정도 되는 아이들은 떼 지어 안

마당을 뛰어다녔다.

저녁 여덟 시. 만찬이 이어졌다. 열 개의 큰 식탁 중앙에는 신랑 신부가 각각 찍은 사진이 담긴 액자들이 등을 맞대고 놓여 있었다. 신랑은 사진학교에서 사진을 가르치다가 신부를 만났다. 이날은 두 사람이 함께하는 첫 번째 사진 전시회이기도 한 셈이었다. 모든 자리에는 이름이 적혀 있었다. 커플들이 한 식탁에 앉되 바로 옆에는 앉을 수 없다. 서로 잘 모르는 사람들끼리 친해지게 하려는 의도였다. 마침 내 옆에는 한국인 아이를 입양해서 키운 남자가 앉았다. 우린 그의 아들과 한국에 대해 저녁 내내 많은 이야기를 나눌 수 있었다.

식사가 무르익자, 중간에 신부의 친구들이 만든 영화가 상영되었다. 친구 여덟 명과 신부의 부모가 배우로 출연한 15분짜리 영화였다. 시나리오 구성도 촬영도 편집도 그들이 직접 했다. 이틀 동안 갑자기 행방불명된 두 사람을 경찰이 추적해가는 이 코믹액션 단편영화를 통해 두 사람의 어린 시절과 사랑의 과정,

샹티이 성Château de Chantilly에서 열린 잉그리드와 프레드의 결혼식.

얼마 전에 마련한 아파트가 속속들이 공개된다.

　신랑의 작은아버지가 이날을 위해 10절로 된 노래를 만들었다. 이미 있는 노래에 가사만 바꾼 것이다. 그는 노래의 악보를 앞뒤로 인쇄하여 모든 하객에게 나눠주고 다 함께 부를 수 있게 유도했다. 각각의 절 사이에는 '잉그리드와 프레드 트랄라라라 랄랄라 트랄랄라라라'가 반복된다. 둘의 첫 만남, 첫 키스, 첫 번째 고비, 함께 장만한 아파트에 이르기까지, 두 사람이 함께 해온 결정적 순간들이 새록새록 담겨 있다. 사람들은 목청 높여 이 노래를 큰 소리로 합창했다. 하객들은 새벽 한 시 넘어까지 이어진 기나긴 만찬을 끝내고, 밤새 춤을 췄다. 어른, 아이, 노인 할 것 없이.

　다음 날 정오. 각자의 호텔방에서 잠을 자고 일어난 하객들은 늦은 브런치를 먹으러 성안 만찬장에 다시 모였다. 하루가 지나자 100명의 하객들 모두 친구가 된 느낌이었다. 편안한 차림의 하객들은 풍성하게 차려진 브런치를 먹으며 못다 한 이야기들을 두런두런 나눴고, 신랑 신부에게 축복의 말을 전한 뒤 하나둘 집으로 떠났다. 만찬장 한구석에 놓인 노트에는 두 사람에게 건네는 축복의 말과 그림으로 가득 채워져 있었다.

프랑스사회에서 성대한 결혼식은 에너지 넘치는 몇몇 사람들이 벌이는 공동체를 위한 서비스로 여겨질 만큼 드문 일이 되었다. 대부분의 사람에게 결혼식은 구청에 가 구청장과 증인 앞에서 선언하고 서명하는 것일 뿐이며, 이마저도 생략하고 사는 사람들이 훨씬 많다. 그래서인지 이 결혼식은 내게 낯설고 그만큼 아름다웠다. 아직도 이런 것을 정성 들여 준비하는 사람들이 있다니. 더욱이 그들이 쏟은 정성은 오로지 서로를 향한 애틋한 애정만을 동기로 삼은 듯했다. 하객 중엔 파트너를 향해 진한 애정표현을 하는 커플들이 많았다. 신랑 신부가 방사한 에로스의 분가루가 모두의 머리 위에 소복이 내려앉았기 때문이리라. 결혼식이야말로 한 커플의 낭만적 사랑을 결박하는 가장 찬란한 슬픔의 세리모니라는 나의 오래된 확신은 결혼과 사랑의 밀접한 상관 관계를 실증적으로 보여준 이들 앞에서 전복되고 말았다.

동침하는 행위의 달콤함

\

함께 자는 일이 성교하는 것보다 한 차원 더 농밀한 친밀함을 나누는 일임을 설파한 사람은 밀란 쿤데라였다. 『참을 수 없는 존재의 가벼움』에서 토마스는 성교를 나눈 여성과 함께 잠자리에 들지 않는 것을 불문율로 가지고 있었다. 타인의 공간에 가 쾌락은 나눌지언정, 자신의 공간에 쾌락의 파트너가 들어오는 것을 허락하지 않았다.

그것은 여러 명의 파트너와 균등하게 에로틱한 우정을 나누는, 그의 세계를 유지하는 원칙이었다. 그런 그가 테레자를 자신의 공간에 들이고, 고열에 시달리는 테레자를 아침까지 곁에

Grenoble, 2010.

서 재운다. 이튿날 아침, 자신의 손가락을 꼭 쥐고 잠들어 있는 테레자를 보며, 바구니에 담겨 강물에 떠내려온 아기가 자기 앞에 다다라 있다고 느끼는 토마스. 그것은 평화롭고 질서 정연했던 세계를 무너뜨리는 치명적 사랑의 시작이었다.

칼리는 종종 자신의 침대에 날 초대하거나 부모의 침대에 들어온다. 적어도 일주일에 한 번 정도 아이는 부모와의 동침을 절실히 원한다. 왜냐고 물으니, "고독은 인간의 건강에 심각한 영향을 끼치고, 나는 한참 성장기에 있는 소녀이기 때문에 건강에 특히 유의해야 하니까"라고 답한다. 고독이라니. 혼자서 잠드는, 혹은 혼자서 눈뜨는 방 안에서, 아이가 처음 마주하는 것은 혼자라는 사실을 직시하는 일이다. 태어나자마자 아이를 혼자 재우는 프랑스식 교육의 첫째 목표는 자율성을 갖추는 데 있는 듯하지만, 그리 멀지 않은 곳에, 아이가 손 뻗으면 언제든지 기댈 수 있는 존재가 있음을 알게 하고 싶다는 생각은, 자율성 획득이란 견고한 목표를 언제나 이긴다. 그 압도적인 답변에 굴복하여, 또 한 번 아이 침대에서의 동침을 허락한다.

서로의 숨소리를 들으며 나란히 누워 꿈을 꾸는 일, 무의식 속에서 서로의 몸이 엉키거나 뒤척이고, 아침 햇살이 눈꺼풀을 간질이는 순간을 함께 맞는 일. 이것은 확실히 친밀함을 나누는 최상의 순간임을 부인할 수 없다.

에로스가 제거된, 그리하여 긴장감도 흥분도 없는 완벽하고 순수한 친밀함. 그 달콤한 유혹을 오늘도 기다린다.

일상

＼

오랜만에 시골집에 내려왔다. 칼리가 아이패드를 들고 다니며
정원 곳곳을 담아왔다. 여기에 오면 늘 무장해제 된다. 안 쓰고
안 읽게 된다. 머리는 자동으로 그 작동이 느슨해지며, 우리가
없던 사이 눈부시게 피어난 자연이 만들어내는 웅장한 오케스
트라에 넋을 놓게 된다. 옆집 아저씨가 수선화 한 다발, 파 여섯
대, 채소 한 바구니를 밭에서 뽑아 주셨다. 집안 곳곳의 거미줄
을 제거하고 채소를 다듬고 수선화를 화병에 담고 파리에서 들
고 온 무로 깍두기를 담고……. 그렇게 하루가 갔다.

칼리의 시선에 잡힌 부르고뉴 시골집의 봄 풍경. 아이에게는 땅에서 올라오기 시작한 잔디의 존재 감이 고목과 그 뒤에 선 집만큼이나 거대하다. 벽에 기대 선 나뭇가지들이 두런두런 벽에 기대어 햇볕을 쪼이고 있는 아저씨들 같다. Bourgogne, 2016.

칼리의 자의적 받아쓰기

＼

열 살 먹은 딸아이와 받아쓰기를 했다. "로빈 후드는 부자들의 돈을 훔쳐 가난한 사람들에게 나눠주었습니다." 내가 책의 한 구절을 읽자 아이는 이런 문장을 써놓았다. "로빈 후드는 부자들이 가난한 사람들에게서 가져간 돈을 훔쳐, 다시 가난한 사람들에게 나눠주었습니다." 어떤 날에는 이런 문장으로 받아쓰기 했다. "크리스토프 콜럼버스는 그에게 필요한 금을 찾아 신세계를 향해 떠났습니다." 아이는 이 문장을 다시 "크리스토프 콜럼버스는 그에게 필요하지도 않은 금을 찾아 신세계를 향해 떠났습니다"로 바꾸어놓았다.

받아쓰기의 원칙을 어겨가며 문장을 바꿔놓는 아이의 발칙한 태도, 문장을 바꿔놓는 그 일관된 방향이 자본주의적 통념에 저항하는 반자본주의적 사고라는 사실에 놀라지 않을 수 없었다. 내 기억으론 아이에게 이런 내용을 이토록 단단하게 주입한 적도 없거니와, 주입한다고 주입 당할 아이도 아니었다. "너 어떻게 이런 걸 알았니?"라고 묻자 아이는 생글거리며 답한다. "난 원래 다 알아." 해답은 책 속에 있었다. 『왜 부자들은 점점 더 부자가 되고, 가난한 자들은 점점 더 가난해지는가?』*라는, 프랑스의 저명한 부부 사회학자인 팽송 부부가 어린이와 청소년을 위해 쓴 책을 읽은 후 칼리는 자신을 둘러싼 세상에서 관찰해온 현상들과 책이 설명해주는 몇 가지 이론을 결합할 수 있었다. 그래서 엄마와 받아쓰기하면서 슬쩍 시험해보고, 꾸중 대신 대견해하는 시선이 돌아오자 문장을 변형하는 데 맛을 들였다.

이 책은 단도직입적으로 말한다. 부자와 가난한 사람의 존재는 원래부터 쭉 그랬던 자연스러운 현상이 아니라고. 잉여 생산

---

* 이 책은 『부와 가난은 어떻게 만들어지나요?』라는 제목으로 국내에도 번역, 출간되었다.

물을 갖게 된 자들이 자신의 부를 더 키우고 세습하기 위해 점점 더 노동자들로부터 그들의 정당한 몫을 빼앗고 있다고. 정치인들과 언론인들은 대부분 지배계급이거나 그들의 친구이기 때문에 서민계층이 지배계급의 주장을 믿게 만드는 데 갖은 노력을 기울인다고. 지구 상에 지금처럼 많은 '슈퍼 부자'들이 존재한 적은 없었으며, 부자들이 더 많은 돈을 가지면 그 부가 사회 전체로 흘러내려 가난한 자의 주머니까지 들어간다는 소위 '낙수 이론'은 거짓이라는 사실이 입증되었다고. 너희들이 앞으로 살아갈 세상을 지금보다 나은 것으로 만들기 위해서는 지금부터 현실을 잘 알아야 한다고. 가히 마르크스의 『자본론_Das Kapital』과 피케티의 『21세기 자본_Capital in the Twenty-First Century』의 청소년 버전이라 할 만했다.

꼼꼼하고 기발한 일러스트와 자기 손주에게 말하듯 쉬운 어휘로 풀어쓴 팽송 부부의 저서는 아이들뿐 아니라 어른들에게도 21세기 자본주의가 굴러가는 이치를 단박에 이해하게 해주는 탁월한 안내서이자, 우리가 쳇바퀴 돌듯 돌던 자본주의라는 숲을 또렷이 조망할 수 있는 멋진 전망대다.

시골집에서 골똘한 표정으로 무언가 쓰고 있는 칼리. Bourgogne, 2015.

프랑스 초등학생들의 서명운동

칼리가 여름방학을 맞이했다. 방학 직전, 칼리 반 아이들은 두 개의 서명운동을 전개했다고 한다. 하나는 현재의 담임 선생님이 학교를 떠나지 않게 해달라는 요구다. 칼리가 속한 반은 학교 근처에 있는 시립음악원과 함께 오케스트라를 구성하는 음악 특성 반이어서 모든 아이가 악기를 하나씩 배우고, 이 구성원이 그대로 다음 학년으로 올라간다. 올해 칼리 반 아이들과 담임 선생님의 호흡은 유난히 좋았다. 모든 아이가 선생님을 사랑했고, 부모들이 보기에도 아이들을 하나하나 이끌어주려는 교사의 노력이 눈에 띄어 흡족한 한 해를 보냈다. 그런데 선생님이 여름이

지나고 나면 아예 다른 학교로 옮겨 가실 거라는 사실을, 또한 그것이 선생님의 의지가 아님을 아이들이 알게 되었다.

또 하나의 서명운동은 음악 선생님에 대한 것이었다. 음악 선생님은 엄격한 분이셨다. 아이들은 여태껏 한 번도 경험해보지 못한, 호랑이 선생님에게 음악이론을 배우는 시간을 힘겨워했다. 다른 선생님이 음악이론을 가르칠 수 있도록 해달라는 서명도 돌았고, 후자의 서명지에는 다소 적은 수가 참여했지만, 두 서명운동의 결과물은 교장 선생님에게 전달되었다.

교장 선생님은 담임 선생님을 학교에 남게 해달라는 요구에 대해서는 최선을 다하겠다고 답했고, 음악 선생님을 바꿔달라는 요구에 대해서는 아무런 답도 주지 않았다고 했다.

칼리는 담임 선생님의 연임에 대해서는 서명하였지만, 음악 선생님에 대해서는 서명하지 않았다고 했다. 칼리는 음악은 좋아했지만, 음악이론 시간은 싫어했다. 음악이론이 들어 있는 월요일이 되면 어떻게든 병이 나서 학교에 안 간 적도 종종 있다.

칼리가 다니는 학교 맞은편에는 퐁피두 센터가 있는데 그 뒤편에 스트라빈스키 분수가 있다. 햇볕 좋은 날이면, 아이들은 방과 후에 이 분수 앞에서 뛰놀다 집에 간다. 니키 드 생 팔Niki de Saint Phalle과 장 팅겔리Jean Tinguely 커플이 함께 만든 스트라빈스키 분수에는 니키 드 생 팔의 삶의 환희가 넘치는 부드러운 조각과 팅겔리 손에서 태어난 견고하면서도 장난스러운 기계장치 같은 조각이 어우러져 함께 물을 뿜어낸다. 그 앞에서 이름 모를 거리의 예술가들이 자신의 존재를 뿜어낸다. 그들에게 가장 좋은 관객은 아이들. 아이들 또한 예술가의 작품 속으로 빨려 들어가고 참여하면서, 농담과 진지함이 빚어내는 변주로서의 예술을 몸으로 익힌다.

"왜 서명 안 했니?" 하고 물었더니, 그 선생님은 엄하기는 하지만 우리를 부당하게 꾸짖는 사람은 아니라고 했다. 그리고 그 선생님이 알면 얼마나 마음 아플지 생각했다고 한다. 자신들의 미래를 어른들의 처분에 맡기지 않고 서명운동을 통해 의견을 피력하는 모습, 그 와중에 부당한 엄격함과 정당한 엄격함을 구분해낼 줄 아는 모습, 모두 근사해 보였다.

아이들의 요구 중에서 담임 선생님을 학교에 남게 해달라는 요구는 관철되었다. 담임은 되지 않았으나 아이들은 선생님을 자주 볼 수 있게 된 것만으로도 크게 기뻐했다. 음악 선생님은 바뀌지 않았다. 하지만 선생님은 지난해보다 한결 부드러워졌다. 결국, 아이들의 목소리가 어딘가로 닿아서 그 힘을 발휘한 것이다.

학교,
권위에 저항하는 법을 가르치다

＼

학교를 나서는 아이가 나를 보자마자 "엄마, 교복 알아? 교복!"
하며 거품을 문다.

'2016년 4월 1일부터 프랑스의 모든 공립학교 학생들은 교육
부가 내린 새로운 지침에 따라 교복을 입어야 한다. 여학생들은
하얀 상의에 청색 치마를 입어야 하고, 긴 머리는 무조건 묶어
야 하며, 남학생들도 하얀 상의, 청색 바지를 착용해야 한다. 반
바지는 금지다.'

담임 선생님이 이렇게 적힌 가정 통신문을 나눠주었단다. 도
저히 믿을 수 없어서 아이들은 교장 선생님께 달려가 이게 진짜

냐고 확인까지 했단다.

교장 선생님은 한술 더 떠서 이렇게 답했다고 한다. "정말이고 말고. 이제 너희들은 중학교에 가서도 교복을 입어야 할 거야."

가정통신문의 신빙성은 "4월 1일부터"라는 일자가 반증하고 있었다. 프랑스사회에서 30~40년을 살아온 학부모들은 그것이 만우절 농담임을 재깍 눈치챘다. 하지만 학교가 자신들을 상대로 거짓말하는 상황을 처음 겪는 아이들은 달랐다. 처음에는 반신반의하던 아이들도 교장 선생님까지 진지한 얼굴로 확인해주자 믿지 않을 수 없었다. 대뜸 학교 벽에다가 "교복 반대"라고 갈겨 쓰고, 학교 복사기로 종이를 복사해 교정에 뿌리고, 서명운동을 하자고 결의까지 했단다. 교사와 교장이 애들 상대로 가짜 가정통신문을 보내는 거짓말을 한다는 걸 좀처럼 믿을 수 없는 한국산 학부모는 혹시나 하는 마음에 인터넷을 뒤지고 다른 학부모에게도 전화를 걸었다. 나는 "만에 하나 이것이 사실이라면 칼리야, 너는 이번에야말로 불복종을 해야 한다"라고 아이에게 다짐을 받고자 했고, 아이는 "나 혼자만 어떻게 불복종하느냐, 아이들이 다 같이하면 할 수 있다"라고 한풀 꺾인 모습을 보이기도 했다.

다음 날 교육부의 교복 착용령은, 너무 당연하다는 듯 학교 교사와 교장의 만우절 거짓말로 밝혀졌고, 놀란 가슴을 어루만지던 아이들은 교사들을 향해 볼멘 야유를 퍼부었으며, 칼리 엄마는 안도의 한숨과 함께 뒤늦은 깨달음의 미소를 지었다. 이것은 획일화 교육에 저항하는 법을 가르치는 훈련이었던 걸까, 하면서.

바닷가 칼리. Bretagne, 2015. ▶

담배꽁초에게 연민을

＼

아무도 없는 긴 에스컬레이터를 타고 칼리와 함께 내려오는데, 칼리가 저 끝을 가리킨다. "엄마, 저 담배꽁초 좀 봐." 에스컬레이터가 접혀 들어가는 마지막 계단에 버려진 담배꽁초가 있었다. 자꾸만 밀려 내려오는 계단에 치어 쉼 없이 통통 튀어 오르고 있는 모습이 마치 구타를 당하는 어린아이 같았다. 칼리는 담배꽁초를 구해주고는 안도의 한숨을 쉰다. "무생물인 줄 알지만, 저 담배꽁초가 정말 불쌍해 보였어. 아, 이제 좀 편하겠다." 세상의 미물들이 겪는 고통을 보고 들을 수 있는 눈과 귀를 가졌다는 것, 소중한 능력이다. 문득 이 아이가 나보다 커 보였다.

Paris, 2016.

까마귀 피격 사건

＼

아침에 집을 나서다 찻길에 까마귀 한 마리가 앉아 있는 걸 보았다. 뒤에서 차가 오는데도 찻길 한가운데서 움직이질 않았다. 눈앞에서 까마귀가 깔려 죽는 꼴은 볼 수 없어 뒤에서 오는 차들에게 알렸고, 차들은 천천히 까마귀를 비껴갔다. 한 덩치하는 그 까마귀는 어딘가 상처를 입은 듯했다. 가족인 듯한 세 마리의 더 큰 까마귀들이 소란을 떨며 주위를 맴돌았다.

단단하고 매서워 보이는 까마귀 부리에 바짝 쫄아, 덥석 안아 옮겨줄 자신이 나지 않았던 나는, 긴 막대기로 슬슬 꽁지 쪽을 밀었다. 그런데 한 걸음도 내딛질 않는다. 그때 머리에서 별

Jardin des Tuileries, 2016.

이 번쩍 하면서 몸이 기우뚱 했다. 한 까마귀가 다가와 내 머리를 세게 가격했던 것이다. 앨프리드 히치콕의 영화 〈새〉가 생각나는 오싹한 순간이었다. 내가 자기 새끼를 건드렸다고 이러는 걸까? "야! 그럼 너희가 좀 구해보든가." 씩씩대며 까마귀들을 향해 화를 냈다. 칼리는 저렇게 내버려 두면 까마귀는 죽는다고 눈물을 뚝뚝 흘리고, 나는 그 까마귀에 손댔다간 머리가 남아나지 않을 듯하여 더는 손을 못 대고 물러났다.

그 광경을 보고 있던, 왜소한 체형의 한 아랍 할아버지가 까마귀를 덥석 들어 안아 인도 너머 어느 집 대문 안으로 밀어 넣는다. 그러자 아니나 다를까 세 마리의 까마귀가 할아버지의 머리를 수차례 공격했고 그의 머리에선 피가 흘렀다. 그러나 할아버지는 그저 천천히 손을 저어 새들을 쫓을 뿐 나처럼 화를 내지 않았고 오히려 웃고 있었다. 마음만 앞섰을 뿐 결국 돕지도 못하고 화만 낸 나. 까마귀들의 공격을 감수하면서 조용히 생명을 구한 할아버지. 까마귀한테 한 대 맞고, 할아버지한테 한 수 배웠다. 누군가를 돕고자 결심했을 때 내 옷자락이 젖는 것을 두려워해서는 안 된다는 사실을.

도움받는다는 것은
어쩌면 상처받는 것이다

＼

"도움받는다는 것은 어쩌면 상처받는 것이다. 도움은 도움을 주는 쪽에 절대적인 선의가 있었다 하더라도 그것을 받는 쪽의 자기 자존의 정당한 몫을 해치기 때문이다."

김훈의 말이다. 그의 글에서 어디서도 볼 수 없는 피 혹은 살점 같은 생각을 얻을 때가 있다. 가서 와락 껴안고 싶진 않지만, 어쩐지 눈길을 뗄 수 없는 그런 작가, 김훈.

　무한한 선의를 지니고 자신의 갈비뼈 하나를 남에게 기꺼이

Paris, 2015.

내주던 사람들이 뺨 맞고, 오히려 잡아먹히는 꼴을 숱하게 보았다. 우리는 쉽게 그 상황에 '배은망덕'이라는 단어를 대입해보지만, 그것만으론 딱 떨어지지 않는다. 내 부모도 아닌데 나를 돌봐 준 사람, 나의 존재를 온몸으로 일으켜준 사람에게 고마움을 느끼기도 하지만, 한편으론 그들은 나의 상처와 결핍, 나의 빈한하던 실체를 일깨우기도 하는 것이다. 그를 잡아먹어야 비로소 내가 온전해지는 논리, 적어도 그를 멀리해야 나의 상처가 아물어지는 모순. 그것까지를 이해하고 나니 세상에 대한 미스터리 하나가 풀린다.

갈비뼈를 내주고 싶은 사람이 있거든, 그리하고 멀리 달아날 것. 도움을 받은 사람이 자기 힘으로 일어설 수 있도록, 마지막 결정적인 지점에선 묵묵히 바라만 볼 것. 자식이 맞이해야 할 고난과 역경을 부모가 대신 맞아주지 말 것. 남의 인생을 결코 대신 살아주려고 애쓰지 말 것. 남의 고난을 대신 짊어지는 자, 결국 상대의 자존을 빼앗은 대가를 치르게 될 것이다.

멋진 간판

＼

페리귀Périgueux의 구시가다. 페리귀는 고대 로마 시대부터 중세, 르네상스 시기에 이르는 유적들을 고스란히 품고 있는 유서 깊은 도시다. 시내 외곽에 있는 이희세 선생의 요양원을 들르기에 앞서(본문 181쪽 참고), 선생이 좋아하시는 생선회를 사려고 도심을 한 바퀴 돌았다. 마침내 한 일식집에서 생선회를 포장해 나서는 길에 마주친 기막힌 간판 두 개. 하나는 미용실, 또 하나는 가죽 수공예품을 파는 가게다. 중세에 지어진 건물에 매달린 저 고집 있는 철제 간판은 현대의 삶이 중세의 건축물과 어떻게 세련되게 만날 수 있는지를 웅변雄辯으로 보여준다.

남쪽 동네 페리귀에서 마주친 미용실 간판(위). 같은 동네 가죽 공방에 걸린 간판(아래).
저 간판을 만들어내고, 높이 걸린 모습을 보며 웃었을 운 좋은 이 동네 대장장이를 생각한다.

카르마에서 탈출한 이자벨

＼

올해 쉰네 살인 이자벨은 스위스에서 태어났다. 금발에 늘씬한 몸매를 가진 그녀의 엄마가 나이 마흔에 이자벨을 낳았을 때, 이자벨은 숱 많은 새까만 머리에 작은 키, 희지 않은 피부색을 지니고 있었다. 그녀의 아버지를 똑 닮았던 것이건만, 태어난 딸을 보고 어머니가 했던 첫 마디는 "이 아이는 내 아이가 아니야"였다.

그녀의 어머니는 혹시 아이가 바뀐 것이 아닌지를 병원 측에 재차 물었다. 그리고 이자벨은 자라는 동안 수천 번 같은 이야기를 들어야 했다. 거리에서 마주친 사람들이 너무도 다른 모녀를 번갈아 보며, 당신 딸이 당신과 전혀 닮지 않았다고 말하기가 무섭게 엄마는 병원에서 딸이 바뀐 게 아닌가 의심한다는 말을 했다. 성인이 된 이자벨이 삶의 무대를 파리로 옮긴 후에도 엄마는 전화로 그녀를 파괴하기를 멈추지 않았다. 이자벨은 엄마와 전화통화를 하고 나면 온몸에 두드러기가 났고, 소화도 안 됐고, 극심한 두통에 시달렸다. 엄마는 전화선을 통해 자신이 딸에게 품고 있는 부정적 감정을 전달했고, 그녀가 보내는 독소는 제네바에서 파리까지 어김없이 전달되었다.

어느 날 친구와 대화하다가 "결국 네 엄마는 너를 단 한 번도 딸로 받아들이지 않은 거야. 널 한 번도 사랑한 적이 없어"라는 친구의 말을 듣고, 이자벨은 마침내 선명하게 깨달았고 날 것처럼 가벼워졌다. 그 순간 비로소 '해방'된 것이다. '그래. 엄마는 날 사랑하지 않았어. 나도 그녀를 사랑할 필요가 없어.' 이자벨은 곧장 엄마에게 전화해 이렇게 말했다. "엄마, 날 사랑하지 않지. 괜찮아. 그럴 수 있지. 이제 나도 엄마를 사랑하지 않을

Zürich, 2016.

게. 나는 엄마 없는 존재인 나를 다시 만들어갈 테니, 이젠 나에게 전화하지 말아주세요." 그 이야기를 듣던 엄마는 이렇게 대답했다. "나도 내 어머니에게 그렇게 말했어야 했어!" 이자벨은 외할머니를 한 번도 본 적 없을 뿐 아니라, 외할머니에 대한 이야기를 들어본 적도 없었다. 그제야 엄마가 자기 엄마로부터 학대당했고, 자기가 당한 학대를 그대로 대물림한 것이었음을 알게 되었다.

이자벨이 학대의 대물림을 끊어내는 데 성공한 것은 서른 중반에 이르러서였다. 그때부터 삶은 비로소 다른 빛깔로 펼쳐지기 시작했다. 좋아하는 남자를 만났고, 엄마처럼 나이 마흔에 딸을 낳았다. 그녀의 엄마가 갖길 원했던 금발의 늘씬한 딸은 한 세대를 건너서 태어났다. 이자벨은 자신의 딸을 엄마에게 보여주기는 했지만, 거의 연락 없이 지낸다. 대학교수인 그녀는 자신의 삶을 잘 영위하는 것은 물론이고, 열다섯 살이 된 딸과도 완벽한 관계를 유지하며 지낸다. 그녀는 딸을 존중하고 지지하며, 그녀가 독립적인 존재로 자라도록 돕는다. 이자벨의 얼굴에는 기쁨이 충만하다. 그것은 기독교에서 말하는 범사에 감사하는 존재의 기쁨이라기보다, 자신이 마련한 틀 속에서 세상을 파악하고 자신만의 유머 감각으로 삶을 누리는 사람의 즐거움, 거대한 운명의 수수께끼를 마침내 풀어내고 여유로워진 자가 누리는 해탈의 미소이다.

이자벨은 여러 차례에 걸쳐 불우했던 어머니와의 관계를 마치 남 얘기하듯 털어놓았다. 그것은 그녀에게, 마치 소설에 나오는 하나의 완결된 스토리 같았다. 자신을 속박하는 카르마 karma에서 걸어 나와 객관적으로 자신과 그 주변을 관찰할 수 있는 능력을 갖추게 되는 순간 마치 전지전능한 마법의 지팡이를 지니게 되는 듯, 그녀는 자신이 구상하는 대로 삶을 밀고 나갔다. 지극한 불행의 덫에 걸려 있던 상황에서 벗어나, 이제 그녀는 오로지 행복에 초점을 맞춘다. 그 행복은 터치 스크린처럼 손가락으로 슬쩍 건드리기만 하면, 다양한 모습으로 그녀의 삶에 다가오는 것처럼 보인다. 온 힘을 다해 카르마를 벗어난 사람이 누리는 특권이다.

영혼의 근육은
쓸수록 더 강해진다

＼

살면서 '저 사람들은 영혼이 없나? 영혼을 잃어버렸나?' 하는
소리를 혼잣말처럼 내뱉은 일이 종종 있다. 또렷이 무얼 의식해
서가 아니라 그냥 입에서 나오는 소리다. 그런데 오늘 류시화가
엮은 아메리칸 인디언들의 이야기 『나는 왜 너가 아니고 나인
가』를 읽다가 이런 구절을 만났다.

"영혼과 관계된 마음은 근육과 같은 성질을 지녔다. 우리가 그것
을 자주 사용할수록 그것은 점점 더 커지고 점점 강해진다. 영혼
을 크고 강하게 만드는 방법은 그것을 통해 세상 모든 것을 이해하

려고 하는 자세를 갖는 것이다. 그러나 육신의 마음으로 생각하기만을 고집하고, 탐욕을 버리지 못하는 한, 영혼에 이르는 문은 열리지 않는다. (…) 다시 태어나서도 육신의 삶과 관계된 마음이 여전히 당신의 인생을 지배한다면 영혼은 완두콩 크기만큼 쪼그라들어버리거나 아예 사라져버릴 수도 있다. 그럴 경우 당신은 당신의 영혼을 완전히 잃어버린다. 그 결과 당신은 살아 있는 것 같으면서도 사실은 죽은 인간이 된다. 죽은 인간들은 눈이 멀었기 때문에, 여자를 볼 때도 추잡한 것밖에 눈에 들어오지 않으며, 타인을 볼 때도 나쁜 면밖에 볼 줄 모르고, 나무를 볼 때도 아름다움은 잊은 채 목재나 거기서 얻을 수 있는 이득밖에 볼 줄 모르게 된다. 그들은 살아 있는 사람처럼 세상을 걸어 다니지만 사실은 죽은 인간들이다."

나이 많은 아메리칸 인디언 할머니가 들려주신 이야기다. 영혼을 점점 더 키우면 나무가 하는 이야기도 들을 수 있고 그들의 마음까지 헤아릴 수 있게 된다고 한다. 아메리칸 인디언들은 약초를 '협력자'라고 불렀단다. 때로는 필요한 약초들이 스스로

Quai de la Seine, Paris, 2015.

모습을 나타내기도 한다. 풀들도 인간처럼 가족을 이루어 살고 각자 목적을 갖고 태어났다. 그들에게 꼭 필요한 만큼만 채취해 갈 것임을 밝히고 좋은 목적에 사용해야만, 약초는 협력자로서 자발적으로 인간을 돕는다. 이것이 영혼의 근육을 튼실하게 키운 자들이 자연과 협력해서 살아가는 방법이다.

돈 몇 푼 축적하기 위해 산천을 온통 파헤쳐놓는 사람들, 추한 가문의 위장된 영광을 위해 역사를 조작하는 사람들, 권력과 자본을 위한 종 노릇에 앞장서는 '기레기'들, 부패한 검사들, 세월호 참사의 진실을 규명하겠다는 약속을 끝내 저버리고 오히려 유족들을 폄훼하고 조롱하는 새누리당과 그 주변 사람들. 이들은 바로 영혼을 상실한 부류다. 그들은 결코 자연과 상호 협력할 수 없고, 세상의 다른 생명체들과 다정한 이웃이 될 수 없다. 문제는 그자들이 지배하는 사회에서 많은 사람이 영혼을 상실한 상태를 정상적인 인간의 상태로 느끼게 되었다는 것이다. 영혼이라는 위대함을 가지고 태어나 그것을 상실한 채로 산다는 것은, 눈을 가지고 태어났으나 그 눈으로 직시하는 일을 점점 게을리하다가 온통 눈먼 자들이 들끓는 사회가 되어버린 것과 같다. 모두가 시력을 잃은 세상에서 오직 혼자만 맑은 눈으로 그 눈먼 자들의 세상을 바라보는 사람은 세상의 모든 고통과 불행을 본다. 그러나 그는 본 것을 다른 사람과 나누거나 그들을 온전히 일깨우지 못한다. 공명하지 않는 앎과 지식은 세상을 살찌울 수 없기 때문이다.

영혼을 가지고 태어난 우리, 영혼의 문이 닫히기 전에 세상과 사물을 영혼으로 보는 훈련을 시작해야 한다. 그렇지 않으면 눈먼 자들의 세상에 갇히고 말 터이다. 영혼의 근육을 키우는 훈련의 첫 단계는 타인의 자리에 서서 그 사람의 심정을 헤아려 보는 것이라고 인디언들은 말한다. 어쩜 그것만으로 충분할지 모른다. 우리에게 가장 힘든 것이 바로 그것이므로.

2

아틀리에의 먼지 속에
뒤덮이지 않을

비틀스 혁명 분쇄설

＼

학기 초에 열리는 학부모 회의에 칼리 아빠가 다녀왔다. 여러
사람이 모이는 장소에 다녀오면 예민하기 그지없는 이 남자
는 자신을 불편하게 한 무언가 때문에 오늘도 한참을 투덜거린
다. 이날, 그를 불편하게 한 사람은 뜻밖에도 평소 친하게 지내
던, 좌파임이 분명한 한 학부모였다. 그가 "올해부터 아이들이
영어도 배우니까 음악 시간에 영어 노래도 가르쳐주었으면 좋
겠다. 예를 들면 비틀스 노래 같은 거"라고 말했기 때문이란다.
"왜 프랑스 공립학교에서 애들에게 비틀스를 가르치자는 거
야?" 항변하는 칼리 아빠.

Paris, 2016.

일본의 단가 하이쿠도 학교에서 가르치는 나라에서, 비틀스는 왜 못 가르치겠는가. 충분히 가능하리라 보는데, 왜 그렇게 비틀스가 못마땅한지 물었다.

영국이 비틀스를 그토록 신처럼 떠받들어왔던 이유는 바로 그들로 인해 68혁명의 물결을 피해갈 수 있었기 때문이란다. 비틀스로 인해 영국 청년들이 일종의 카타르시스를 경험하고 그들의 불만과 갈증을 해소할 수 있었기 때문에 유럽에서 오직 영국만 폭발하지 않을 수 있었고, 68혁명의 위기를 무사히 넘겼다는 것이다. 그것이 영국 여왕이 비틀스에게 작위까지 하사하며 애지중지했던 이유라고. "오! 그럴듯하네." 맞장구쳤더니, 그게 정설이란다.

"그럼, 비틀스가 혁명을 분쇄한 반동세력인 거네?" 그렇단다. 그래서 자긴 그놈들을 싫어한단다. 이거 완전 천기누설이다.

강헌의 벼락 같은 책
『전복과 반전의 순간』

\

2015년 가을, 실로 오랜만에 즉각적인 흥분을 전하는 책을 만났다. 검은 표지 위에 저돌적으로 얹힌 고딕체의 제목부터 눈치보지 않는 자신감이 그대로 드러난다. 책이 세상에 나온 지 불과 며칠, 시베리아 상공을 날아와 내 손에 전해진 이 책을 받자마자 와작와작 삼켜버렸다. 대중음악 평론가라는 타이틀로 저자가 썼던 글을 1990년대부터 곳곳에서 마주쳐왔고, 그때마다 그의 글이 내뿜는 에너지에 어김없이 압도당했다. 대상에 대한 끓어오르는 열정과 애정, 지식, 빠른 보폭으로 뛰어다니던 현장에서의 경험을 바탕으로 한달음에 솔직담백하게 내지른 듯한 글이었다. 그 기저에는 삶에 대한 디오니소스적 쾌락주의가, 포도 주향에 절은 거친 마룻바닥의 삐걱거림이 깔려 있다.

이를테면 이렇게 말한다. "재즈와 로큰롤, 그것은 노예의 후손인 하층계급 아프리카 아메리칸과 한 번도 독자적인 자신의 문화를 갖지 못했던 10대들이 인류 역사상 최초로 문화적 권력을 장악한 혁명의 다른 이름이다." 그리고 재즈를 어쩐지 어렵게 느끼게 했던, 그루브니 스윙이니 하는 말에 대하여 그는 적확한 한국어로 설명하기를 시도한다. "스윙, 그것은 어떤 음악을 들을 때, 왠지 자리에서 벌떡 일어나서 플로어로 막 달려가고 싶은 느낌, 그 순간의 감정이 스윙이다." 지금까지의 음악 전문가들은 그건 도저히 말로 설명할 수 없는 거라고, 단지 느끼는 거라고 말해왔다. 강헌의 책이 한국사회에서 전무후무한 보석이 될 거라는 예감은 바로 이런 대목에서 감지된다.

그는 1950년대 미국에 로큰롤 혁명이 있었다면 1960년대 말 대한민국에서는 통기타 혁명이라는 새로운 바람이 최초의 청

Fête de la Musique, 2012.

년문화를 일구었음을 설파한다. 그는 거기서 중요한 역할을 담당했던 양희은의 독보적 목소리에 대해 "이전의 한국 여성 보컬리스트들의 목소리에 있던 '청승의 습기'가 완벽하게 제거된 또렷하고 당당한 발성"이라 정의한다. 1970년대 한국 음반시장 최대의 히트곡인 〈미인〉의 폭발적 성공에 대한 그의 설명은 이러하다. "신중현은 미국의 도구를 가지고, 한국인들에게 잊혔으나 한국인의 DNA 속에 남아 있는 우리 전통의 계면조를 호출"했다는 것이다. 놀랍게도 강헌이 지목한 신중현 최고의 라이벌은 〈새마을 노래〉와 〈나의 조국〉을 프로듀싱한 박정희다. 새로운 청년문화가 문화 권력을 획득해갈 때, 그 위협을 감지했던 박정희는 청년문화에 대한 거대한 방파제를 구축하고 신중현을 바닥까지 끌어내렸으며, 1975년 긴급조치 이후 무려 2,000곡이 넘는 노래를 금지곡으로 만들어 대중음악이라는 새로운 문화 권력을 견제했다는 것이다.

조선이 일제에 식민통치를 당한 시간 34년 11개월. 이것은 강헌의 철두철미한 역사의식의 한 단면을 보여주는 대목이다. 35

년이 채 되지 않는 시간을 36년으로 불려 말하는 숱한 인간들에게 진저리 나 있던 나는, 이런 대목에서 무릎을 치지 않을 수 없었다. 서구열강이 아니라 평소 우습게 여기던 이웃 나라의 식민지가 된 특수한 경험이 오늘날 우리의 독특한 문화적 유전자를 추적할 수 있는 단서가 된다는 통찰. 동학혁명은 새로운 세계에 대한 통치 철학을 가진 본격적 의미의 혁명이었고, 그 혁명이 좌절되면서 퍼지기 시작한 〈새야 새야 파랑새야〉는 민속 음악 시대와 대중음악 시대를 가르는 경계선에 있다는 분석에 이르면, 강헌이라는 자유인이 도달한 역사와 음악을 통시적으로 바라보는 시선의 깊이를 가늠할 수 있다.

인력거에 라디오를 매달고 직설적이고 박진감 있는 어휘로 설명하는 저자와 함께 역사의 골목길을 숨 가쁘게 달려가는 듯한 이 매력적인 책의 2권이 빨리 세상에 나오기를 고대한다.

예술은 무엇으로 완성되는가

＼

2013년, 희완은 프랑스 남부도시 아를^{Arles}에 있는 레아튀 미술 관^{Musée Réattu}에서 열린 전시에 참여했다. 그 전시의 주제는 '구름^{Les Nuages}'. 전시에 참여한 작품 중에는 앤디 워홀의 것도 있었다. 워홀의 구름은 폴리에스테르 재질로 된 쿠션에 가스를 채워 넣어 방안을 둥둥 떠다니게 하는 은색 구름이었다.

　희완의 구름은 그가 숲에서 찾아낸 나무 조각을 손으로 다시

앤디 워홀의 〈구름〉. Arles, 2015. ▶

매만져서 완성시킨 작품이었다. 전시에 참여한 수십 명의 작가가 표현한 구름은 사진이기도 하고, 회화이기도 하고, 공산품을 차용해서 만든 오브제이기도 했다. 사람들은 워홀의 작품인 은색 구름이 그가 직접 손으로 만들어낸 구름인지 굳이 알고 싶어 하지 않는다. 여기서 작품을 구성하는 것은 은색의 네모난 풍선을 워홀이 직접 예쁘게 박음질했는가가 아니라, 그러한 물건으로 구름을 구상한 수십 년 전 워홀의 생각인 거니까. 사람들은 팝아트의 방식으로 표현된 번들거리는 사각의 구름을, 그걸 가지고 노는 아이들과 함께 바라볼 뿐이다.

희완이 숲에서 찾아낸 나무토막 가운데 어떤 구석이 자연의 모습이고, 어떤 구석이 이 작가의 손길에 의해 달라진 모습인지를 구분하는 것 또한 무의미하다. 작가가 덜 개입했다고 해서, 그 작업의 예술성이 떨어지는 것은 아닐 터이다. 자연이 조각해낸 영역과 작가가 개입한 영역의 적절한 경계를 결정짓는 것은 오직 작가의 판단일 따름이다.

그러나 회화나 데생의 경우 작품을 구성하는 요소가 확연히 달라진다. 회화는 인류 역사의 시작부터 존재해온 가장 클래식한 예술이다. 거기서는 직접적인 작가의 손길이 작업의 예술성을 구현한다. 희완의 회화 작업을 보고 사람들이 뭘 표현한 거냐고 물으면, 그는 한결같이 대답한다. "붓이 지나간 자리." 손끝을 따라 붓으로 흘러들어 간 그의 기와 호흡이 선으로 구현되는 것이 바로 그의 그림이다. 붓과 화가의 손은 하나가 되어 캔버스를 누비고, 그렇게 그림은 완성된다.

피카소가 생전에 자주 다니던 식당의 주인이 그가 앉은 테이블보에 그림을 하나 그려달라고 청했다. 피카소는 순식간에 펜을 들어 휘리릭, 데생을 하나 완성한다. 내심 더 시간과 정성을 들여 그림을 그려주길 기대했던 식당 주인이 은근히 불만을 표시했다. 그에게 피카소는 이렇게 말했다. "당신이 보기에 순식간이었겠지만 나는 이 그림을 그리기 위해 20년을 투자했소."

작가는 평생의 노력으로 손끝의 감각을 만들어내고, 그 감각이 그림 그리는 순간의 호흡과 느낌과 만나 캔버스 위에 낱낱이

드러난다. 남의 손, 남의 감각, 남의 호흡으로 채워진 회화 작업에 제 이름을 붙일 수 없는 건 바로 이런 이유에서다.

수백 킬로미터 떨어진 곳에 사는 화가에게 전화로 그림을 주문하여 그림을 완성해 배달해주면 그 위에 자신의 사인을 얹어 그림을 팔아온 유명 가수의 행각을 두고, 세상은 그것이 사기인지 아닌지를 두고 논쟁을 벌인다. 생존을 위해 조잡한 회화를 반복해서 그려내야 했던 불운한 화가의 노동이 눈물겹다. 그가 겪었을 치욕이 아프다. 그것은 똑같은 장난감 수백 개를 조립하는 일보다 더 고통스러운 작업이었을 것이다. 적어도 장난감은 예술이라는 이름으로 치장하는 사기를 필요로 하지 않았을 터이니. 노예처럼 착취당한 무명 화가의 노동이 만든 또 하나의 그림에 자기의 서명을 얹고, 유명세로 부풀려진 가격을 붙여 그림을 팔아온 그 행위의 어디쯤에 예술은 자리하고 있단 말인가.

인간의 모순,
예술의 모순

＼

부르고뉴 시골집에 한 커플과 그들의 두 아이가 놀러 와 함께 지내고 있다. 어젯밤엔 "뛰어난 예술작품(문학이든 미술작품이든)은 시간이 걸릴 수는 있어도, 언젠간 인류 앞에 그 모습을 드러낸다"라는 주장을 둘러싸고 열띤 논쟁을 벌였다. 아이들은 그사이 200개도 넘게 모은 구슬을 가지고 그리스 신화 속 신전을 만들며 신이 되어 놀고 있었다.

부인은 베르사유 조경학교 교수이고, 남편은 예술가였던 시절을 거쳐 현재 여러 가지 직업을 가지고 있는 사람이었다. 형

가리와 루마니아계의 유대인이며 독일 국적을 가진 그는 이탈리아에서 20대를 보낸 후 30대 때부터 프랑스에서 살아온, 그래서 6개 국어나 구사하는 다중적 정체성의 소유자이다. 지금은 예술 작업을 접고 요리사, 수영 강사, 여행가이드, 조경사, 집 수리 등의 일을 하면서 생활에 밀착하여 살고 있으며, 집안 살림도 도맡아 한다. 우리 집에 와서도 설거짓거리가 생기기 무섭게 씻어놓곤 했다.

그가 앞의 이상주의적인 주장을 내놓으면서 우리의 논쟁은 새벽 두 시까지 이어졌다. 나머지 세 사람은, "너의 이상주의를 존중하지만, 불행하게도 현실은 그렇지 않다"라는 말을 온갖 논거를 들어 입증하였다. 좋은 책은 마케팅과 언론의 리뷰 없이도 세상에 자신의 존재를 드러내는가? 그런 예를 알고 있지만, 아예 출판될 기회조차 얻지 못하고 사라졌을 수많은 원고와 화가의 아틀리에에 갇혀 세상 밖으로 나올 기회를 얻지 못한 그림들이 얼마나 되는지 우리는 짐작조차 할 수 없다. 그의 주장은 많은 예술가가 중도에 포기하기 때문에 자신의 작품을 알아보

Musee du Louvre, Paris, 2013.

는 사람과 만나지 못한다는 것. 꾸준히 작업하기만 한다면 탁월한 작업은 사람들 눈에 띄기 마련이라는 것이었다.

그런가? 예술 작품의 성공을 위한 정확한 공식이란 사실상 없다. 어떤 공식을 말해도 거기에는 예외가 반드시 끼어들 것이다. 다만 마케팅이라는 포장지가 모든 작업의 최전방에 놓여 있는 지금, 생존을 위해 허겁지겁 달려야 할 이 시대의 보통 사람에게는 옥석을 가릴 수 있는 시간도 여유도 점점 줄어든다. 결국, 사람들은 그것이 이리저리 자신을 끌고 다니도록 내버려 둔다. 세상에 온통 '키치'가 판을 치는 이유이다.

마르셀 뒤샹은 예술 작업에 두 가지 차원이 있다고 말한 바 있다. 하나는 예술가가 작업을 통해 무언가를 만드는 행위. 그리고 작품이 공개되고 관객의 개입으로 반응을 얻는 단계. 뒤샹은 작품이 세상과 만날 기회를 얻지 못한다면 결국 그 작품은 세상에 존재하지 않는 것이라고 단언한다. 뒤샹은 그 두 가지, 즉 좋은 창작과 관객의 호응을 이끌어내는 일을 동시에 해낸 사람으로 꼽힌다. 앙드레 브르통André Breton이 그를 일컬어 20세기 가장 똑똑한 인간이라고 말했던 건 아마 그 때문일 것이다. 뒤샹은 자신의 예술 철학을 작품을 통해 성공적으로 관객에게 전달함으로써 아틀리에의 먼지 속에 뒤덮이지 않았고, 진화하는 예술가로 남을 수 있었다.

그러나 이런 행운은 불행하게도 모두에게 찾아오지 않는다. 예술은 모순투성이인 인간의 피조물이며 따라서 예술은 모순적 운명을 그대로 부여받는다. 그것이 인생의 아이러니이며, 예술이 짊어진 아이러니이기도 하다.

일어나, 김광석!

내 기억으로, 20년 전 이상호는 번지르르하게 무게를 잡는 언론인이 되어도 무방할 얼굴을 가지고 있었다. 오늘 본 이상호는 40대의 대한민국 남자로서, 더 이상 멋질 수 없는 모습으로 진화해 있었다. 이런저런 고비들이 그를 시험대에 올렸겠지만, 그는 발을 삐끗하지도, 생계를 핑계 삼아 타협을 하지도 않았다. 보도지침이 내려오면 내려오는 대로 꿈틀거리지도 않고 받아 적는 놈들이 기자 노릇을 하는 이 시대에, 진실을 향한 강력한 의지를 거칠게 발동시키고 있는 그의 삶이 지금의 그를 멋지게 조각해놓았다. 20년간 추적한 결과물을 영화로 내놓으면서 그는 영화가 범인으로 지목하는 자가 걸어올 소송을 기다린다. 그런 그의 몸을 휘감고 있는 점퍼에서 풍기는 땀 냄새와 여전히 번득이는 유머 감각이라니. 최고다.

영화 〈일어나, 김광석〉은 김광석의 진실을 추적해온 이상호 기자가 진실 규명을 기다리다가 숨을 거두신 김광석 부모님 영전에 바치는 20년간의 추적의 기록이다. 공소시효는 지났지만, 영화는 명확하게 살인자를 지목한다. 영화 속에서 방송인 백지연은 "그럼, 방법이 없네요"라고 자르듯 말했지만, 이상호는 웃으며 답한다. "그렇지만 언론에는 공소시효가 없잖아요."

육신은 사라졌지만, 김광석의 목소리는 언제 어디서고 날 울렸다. 나에게 스며들고 뒤흔들고 어루만졌다. 영화를 통해 김광석의 육성을 듣고, 모습을 보고, 어이없이 자살로 위장된 죽음을 맞은 그의 마지막 순간을 지켜보는 것만으로 심장은 감당할 수 없이 뜨거웠다. 20년 동안 포기하고 싶었던 순간마다 이상호를 뒤흔들었던 것도 대한민국에 사는 한 피할 수 없는, 어디선

가 들려오고야 마는 김광석의 그 신화 같은 음성이었다.

　진실을 계속 덮고 거대한 거짓의 산 위에 축조한 사회에서는 아무도 더 진실한 삶을 살아갈 수 없다. 그런 사회에서 진실은 힘을 잃고, 세상과 타협할 줄 모르는 바보들의 고집스러운 선택으로 남겨지고 만다. 진실을 추적하는 삶은 그래서, 삶을 가장 열렬히 사랑하는 삶이다. 현재의 삶을 100퍼센트로 살아내기 위해 우리가 축적해온 과거의 허수들을 하나둘 걸러내는 것은 살아남은 자들이 함께 짊어져야 할 과제다. 하지만 몇몇 사람에게만 그 짐이 과도하게 지워지곤 한다. 이상호는 그 짐을 기꺼이 자신의 두툼한 어깨에 짊어졌고, 점점 멋있어져 간다. 이, 제법 달콤한 보상을 그는 알고 있을까?

파리도서전에서 만난
북 소믈리에

＼

한불수교 130주년. 수교라기보다는 오해와 몰이해로 가득한 불평등조약이었지만, 세월의 더께는 진실을 희미하게 날리고 허울만 남기는 법. 그 펑계로 한국은 2016년 파리도서전의 주빈국으로 초대되었다. 덕분에 파리 한복판에서 한국 책 구경을 실컷 할 수 있겠다 싶어 마지막 날에 아이와 함께 도서전에 들렀다. 도서전 한쪽에 마련된 한국관에서 책을 뒤적이던 중, 할머니 한 분이 프랑스 서점 직원과 나누는 대화를 엿들었다. "황석영 문학에 입문하고 싶다. 어떤 책부터 시작하면 좋겠냐." 이번 도서전의 주빈국인 한국관에는 프랑스의 대형 서점인 지베르

죈Gibert Jeune이 나와, 번역되거나 번역되지 않은 한국 책들을 팔았다. 황석영의 작품 대부분은 프랑스어로 번역되어 있다. 직원은 대뜸 『한씨연대기』를 집어 들었다. 1972년에 나온 황석영의 중편소설이다. 그는 이 책을 "황석영 문학의 진주"라고 표현한다. 그러니 먼저 이걸로 시작하고, 그다음에 『삼포 가는 길』『오래된 정원』『바리데기』로 나아가라고 안내해준다. 각각의 소설에 곁들어지는 자신감에 찬 북 소믈리에의 설명을 할머니 등 뒤에서 들으며 나도 『한씨연대기』에서부터 다시 황석영을 발견해가고 싶은 충동을 느꼈다.

저자가 한국 작가라는 점을 빼면, 프랑스 서점에서는 흔히 볼 수 있는 광경이다. 한국 서점에선 좀처럼 경험하지 못했던 일이기도 하다. 특히 동네 서점에 들어가면, 사람들은 흔히 서점 직원들과 상담을 한다. 마치 오늘 준비하는 저녁 식사 식탁에 곁들일 적당한 포도주를 찾는 사람처럼 "내가 이런 책을 찾는다"고 말하면 서점 직원들은 손님과 이런저런 대화를 주고받은 끝에 적당한 책을 몇 권 추천해준다. 당연히 사고 안 사고는 손님

마음이다. 종종 자신들이 특별히 추천하고 싶은 책들에 짧은 추천의 말을 적어서 꽂아 놓기도 하고, 'coup de coeur(첫눈에 반한 책)'이라는 표시로 하트 모양을 달아두기도 한다. 동네 서점엔 언제나 사람이 바글거린다. 사는 사람 반, 구경만 하는 사람 반이지만, 편하게 나를 내려놓고 책과 만날 수 있는 장소가 되어준다. 동네 서점은 그렇게 동네 사람들과 관계를 맺으며 존재의 이유를 만들어간다. 그들이 동네 사람들에게 건네는 것의 핵심은 바로 자신들이 책에 품고 있는 '애정'이다. 그 애정은 프랑스에 문화부를 싹트게 한 최초의 씨앗이기도 하다.

작가 앙드레 말로André Malraux는 프랑스의 초대 문화부 장관이었다. 드골이라는 우파 정치인은 묘하게도 앙드레 말로라는 좌파 지식인과 두터운 우정을 나누고 있었고, 말로를 자신의 내각에 두고 싶어 했다. 앙드레 말로를 문화부 장관에 임명하는 것으로 드골은 자신의 뜻을 실현했고, 1959년 문화부는 그렇게

Cour Carree du Louvre, Paris, 2015. ▶

탄생했다. 이전에는 교육부의 한 부서에 불과하던 문화부 업무를 하나의 독립된 부서로 탄생시키기 위해 말로는 적합한 명분을 찾았다. 바로 '사랑'이었다. 말로는 교육부가 인류가 축적해낸 '지식'을 후세에 전달하는 역할을 한다면, 문화부의 역할은 인류의 지적인 보물들을 '사랑'할 수 있는 감수성을 키우는 것이라고 생각했다. "교육부는 지식을, 문화부는 사랑을." 그것이 앙드레 말로가 찾아낸, 문화부가 수행해야 할 사명이었다. 그리고 그 최초의 사명은 여전히 프랑스 동네 서점의 한구석에서 발견된다.

사랑은 인간이 인간을 품을 수 있게 해주는 최초의 그리고 최후의 이유이다. 인간 행동의 동기에 사랑이 있었다는 것을 알면, 우리는 거기에 더 이상 의문을 제기하지 않는다. 그것은 기적이 일어날 수 있는, 인공지능이 대신해줄 수 없는 마지막 영역이다. 문화에 대한 '사랑'을 키우는 것을 담당하는 정부 부처. 이 대담한 야심을 품었다는 것은 실현했다는 것만큼이나 대단해 보인다. 사랑하면 저절로 몸이 움직인다는 건 모든 인간이

아는 진리다. 그 사랑을 이끌어내는 동기 또한 사랑을 기반으로
하고 있음은 말할 것도 없다.

3

끝나지 않는 부조리극

이 시대의 녹두장군,
한상균

2015년 12월 9일, 간만에 가슴을 팍 치는 한 남자를 본다. 한상균. 조계사 그 가시방석에서 나와 자진출두를 하는 그의 묵직한 시선은 저 멀리에 가 닿아 있다. 알고 보니 그는 광주민주화운동에서 시민군에 가담했던 사람. 그때 살인마들 틈에서 살아난 그를 2015년 겨울, 다시 권력의 개들이 에워쌌다.

노동법 개악에 맞서서 노총 위원장이 집회를 주도했는데, 수갑을 채워 데려간다. 일단 데려가서, 무슨 법으로 조질까 고민하는 박근혜의 친위대는 법정 최고형을 때릴 수 있는 소요죄 카드를 만지작거리고, 《조선일보》는 피 토하듯 소리를 높여 민주노총에 악마의 가면을 씌운다. 신도를 가장한 노인네들이 욕지거리를 내뱉고, 사방에서 칼을 든 망나니들이 그의 목을 노리는 상황에서 그는 한없이 당당했다. 사회적 관심의 저 밖으로 밀려 있던 노동법 개악을 이슈 한가운데로 제 한 몸 던져 밀어 넣었다. 그에게서 전봉준을 보았다.

조계사에서 나오면서 그는 이렇게 말했다.

"박근혜 정권은 저를 체포하기 위해 수천 명의 경찰 병력을 동원했습니다. 저는 살인범도 파렴치범도 강도 범죄, 폭동을 일으킨 사람도 아닙니다. 저는 해고 노동자입니다. 평범한 해고 노동자가 얼마나 힘들게 살아왔는지 많은 국민들은 알고 있을 것입니다. 아이들은 꿈을 포기해야 했고, 단란했던 가정들은 모두가 파탄 났습니다. 불나방처럼 일자리를 찾아 떠돌다 생과 사의 결단을 강요받는 현실 앞에 너무나도 참담한 시간들이었습니다. 정부는 저임금 체계를 만들고, 해고를 쉽게 할 수 있어야 기업과 경제를 살리는 것이라 말하고 있습니다. 노동자가 죽어야 기업이 사는 정책이 제대로 된 법이고 정책입니까. 저는 해고를 쉽게 만드는 노동법 개악을

한상균은 사회적 관심의 저 밖으로 밀려 있던 노동법 개악을 이슈 한가운데로 제 한 몸 던져 밀어
넣었다. 그에게서 전봉준을 보았다.

막겠다며 투쟁을 전개하고 있습니다. 이것이 지금 온 나라를 떠들썩하게 하고 있는 1급 수배자 한상균의 실질적인 죄명입니다. 과연 이게 정상적인 나라입니까.

정권에 경고합니다. 이 시대에서 가장 경쟁력이 없는 조직은 대한민국 정부입니다. 그들이 이제 재벌의 한편이 돼서 2000만 노동자를 죽이겠다고 합니다. 저를 구속시키고 민주노총에 대한 유례 없는 탄압을 한다 하더라도 노동법 개악은 결코 성공하지 못할 것입니다. 왜냐하면 그것은 전 국민의 문제이기 때문입니다. 정부와 새누리당은 재벌들이 공식 요청한 저임금 비정규직 확대, 자유로운 해고, 노조 무력화를 완수하기 위한 노동법 개악을 경제를 살리는 법이라며 대국민 사기극을 벌이고 있습니다. 국민 여러분 더 이상 속아서는 안 됩니다. 이 나라가 망합니다. 재벌들에게 주는 선물상자를, 노동개혁 포장지를 우리 노동자들이 벗겨내겠습니다. 노동자 서민을 다 죽이고 재벌과 한편임을 선언한 반노동 반민생 새누리당 정권을 총선과 대선에서 전 민중과 함께 심판해낼 것입니다."

바로 그날부터 나는 한상균이라는 사람에게 하나의 승부수를 두기로 했다. 그가 감옥에 있더라도 이 땅의 2000만 노동자들을 진두지휘하며, 새로운 세상을 위한 주춧돌을 놓을 것이라는 믿음이다.

그날 한상균은 차가운 감옥을 향해 제 발로 걸어가는 동시에, 민주노총을 음해하고 노동자의 연대를 파괴하려는 기득권층의 음모를 폭로했다. 그리고 그들의 두려움을 조롱했다. 노동자가 자신의 생존권을 위해 결사하고 집회할 수 있는 권리는 이 나라 헌법이 보장하는 기본적인 권리이다. 헌법이 뭔지 모르는 듯, 하나같이 헌법을 위배하는 작태들을 일삼는 그들이 가장 두려워하는 존재가 바로 한상균이라는 사실을 조계사를 둘러싼 3,000여 명의 경찰 병력이 말해주고 있었다.

'이명박근혜' 정부 들어 노조에 대한 탄압은 더욱 치밀해지고 집요해졌다. 경찰은 점령군이 점령지 백성을 대하듯 군홧발을 마구잡이로 휘두른다. 노조에게 손해배상 판결을 내리는 판사들은 같은 조선인을 핍박하는 데 앞장서던 친일파와 다름없어 보인다. 지배계급의 하수인들이 나서 피지배계층의 봉기를 철저히 응징하는 모습이다.

거기에 맞선 한상균은 세상을 넓고 깊게 응시할 줄 아는, 그 소인배들과는 비교도 할 수 없는 거인이다. 그는 "우리는 바로 이 땅의 주인일 뿐, 정권의 적이 아니다"라는 명징한 문장으로 상황을 전복한다. 정당성도 실력도 갖추지 못한 권력이 그를 감옥에 가두어도, 민심을 포승줄로 가둘 수는 없음을 깨우친다. 인간이 곧 하늘이라는 평등사상으로 혁명세력을 진두지휘하던 동학군의 지도자 전봉준처럼, 그의 어휘와 시선 속엔 세상을 통찰하는 드넓은 전망과 인간을 어루만지는 뜨거운 가슴이 들어 있다. 조계사를 나서며 세상을 향해 포효하던 그의 말 한 마디 한 마디가 가슴 깊은 곳까지 깊이 들어와 박혔던 이유다.

2016년 7월 5일 판사 심담은 한상균에게 5년의 중형을 선고했다. 헌법 33조, "근로자는 근로조건의 향상을 위하여 자주적인 단결권, 단체교섭권 및 단체행동권을 가진다"를 거스르고, 불의한 권력이 한상균에게 가진 두려움의 총량이라 할 5년을 선고한다. 5년, 너희들이 두려워하는 그 시간 동안 한상균은 점점 더 커지리라.

세상의 모든 파업을 지지한다

\

2016년 여름, 부산을 떠나 울산으로 가던 버스 안. 라디오에서 울산 현대자동차-현대중공업의 연대 파업이 강도를 높이기로 했다는 소식을 듣는다. 피가 갑자기 후끈 달아오른다. 구린내 나는 놈들(나향욱, 진경준, 김정주, 홍만표, 우병우 등)이 무더기로 뉴스를 미어터지게 메우고 있는 시절, 살아 있는 노동자들의 결단을 들으니 속이 후련하다.

  나는 세상의 모든 파업을 지지한다. 그것은 달리는 전동차를 멈춰 세우는 일이다. 자본주의 사회에서 생산을 거부하는 일은 반역이다. 파업을 하는 그 반역의 시간, 우린 다시 생각할 수 있다. 왜 지금까지 열차를 움직여온 건지. 이 열차는 어디로 가는 건지. 우리가 인간인지, 아니면 자본주의라는 열차를 굴러가게 하는 하나의 나사에 불과한 건지. 그 과정에서 우린 조금이나마 인간성을 회복한다.

인간이 자연의 섭리대로 살던 시절에는 해가 떨어지면 일하지 않고, 추운 겨울엔 조용히 소일하며 지냈다. 인간은 그렇게 수천 년을 살았다. 자본주의가 인간을 쉼 없이 작동하는 기계로 바꿔놓은 것은 고작 1~2세기 남짓한 일이다. 그 쉼 없는 노동은 과잉 생산, 과잉 소비를 낳고 잉여 생산물은 극소수의 인간의 곳간에 축적되거나 버려진다. 파업은 인간성을 심각히 훼손당한 현대사회가 그나마 덜 미쳐 돌아가게 하도록 노동자들이 기꺼이 밟아주는 '브레이크'이다. 그 브레이크마저 없다면 자본이라는 기계 속으로 인간이 빨려 들어가는 그 순간까지 기계는 절대 멈추지 않을 것이다.

더 못한 처지의 노동자들이 있는데 파업을 한다며 증오의 이

빨을 드러내는 어리석은 자들이 있다. 노예가 주인의 입장에 서서 노동자들을 꾸짖는 격이다. 요구하지 않아도 주어지는 권리란 없다. 협력 업체들은 파업 때문에 일감이 없다며 파업하는 노동자를 욕할 게 아니라, 동조 파업을 벌여야 한다. 비정규직 노동자들 역시, 정규직 노동자들이 파업을 할 때 배부른 자들의 투정이란 눈으로 그들을 바라보기보다, 자신들의 요구사항을 얹어 함께 세상을 같이 멈춰 세우는 일에 협조하는 것이 현명하다. 상대적 우위에 있는 누군가에게도 더 나은 세상을 요구할 권리가 있으며, 파업이라는 행동에 나서는 자들은 결코 근시안적이고 이기적인 목적만으로 그 고행 길에 나설 수 없다. 세상의 모든 파업은 노동자 전체의 삶의 질을 개선시키고, 자본주의가 훼손한 인간성을 회복시키는 데 목적을 두고 있다. 세상은 지금보다 느린 속도로 돌아가야 한다. 불필요하게 빠른 속도에 목숨 바쳐 순응해봤자, 늘어나는 건 부자의 곳간에 썩어 나는 돈뿐이다. 인간들에게 필요한 건 썩어버릴 더 많은 재화가 아니라, 휴식이다. 방황하고, 음미하고, 성숙해질 수 있는 시간이다.

메트로. Paris, 2010.

우리가 복원해야 할
가치는 무엇인가

\

양심적 병역거부를 사유로 프랑스에 망명한 한국 청년의 이야기가 화제가 되었던 어느 날 아침, 프랑스 친구들과 프랑스 군대에 대한 이야기를 나누게 되었다. 프랑스는 2001년부터 모병제를 시행했고, 그 전에는 10개월간의 의무복무 기간이 있었다. 프랑스에도 징병제 시절, 군 의문사가 있었느냐 물었더니 두 남자 모두 고개를 가로젓는다. 그럼 고위층 자제들은 하나같이 군대를 안 가는 현상은? 그 또한 들어본 바 없단다. 저명한 외과 의사의 아들인 프랑수아는 파리에서 부르주아들이 가장 많이 밀집해 살고 있는 동네(16구)에서 나고 자랐다. 동네 친구들은 죄다 한가락 하는 집안 출신이었는데, 프랑스산업연맹Medef의 대표 아들도, 우파 정당의 국회의원 아들도, 예외 없이 다 군대에 갔단다. 집안 배경을 이용해 군대에서 자식을 빼돌리는 사례가 혹시 있었는지 모르지만, 흔히 들을 수 있는 얘기는 아니라 했다. 게다가 "군대가 사회 통합의 역할을 한다"라는, 교과서에나 나올 법한 효과가 실제로 나타났다고 한다. 파리 16구에서 자라나 부르주아들끼리만 지내던 아이들이 시골 농부의 아들과 함께 지내면서 그들로부터 삶의 구체성을 배우고 이전엔 알지 못했던 가치들을 발견하는, 그러한 긍정적 측면이 분명히 있었기에 군대는 권위와 국민적 신뢰를 유지해올 수 있었다고. 의무복무제가 폐지되고 모병제로 전환하게 되었다는 사실보다 의무복무제 시절에조차 군 의문사도, 돈과 권력을 가지면 병역의무에서 면제되는 악행도 찾아보기 드물었다는 사실이 더 놀라웠다. 좋은 제도가 있어도 그것을 악용하고 무력화하려는 사람들은 있기 마련이며, 그런 자들은 대체로 자신들이 법 위에 있다고 믿는 소위 사회 지도층들이다. 선진국이란, 법이 모두에게 평등하게 적용되는 투명한 사회를 일컬으며, 이를 위한 전제조건은 법 위에 군림하는 인간들이 없어지는 것이다.

　선진국이란 들춰보지 않아도 약속대로 사회 구석구석이 제 기능을 수행하고 있는 사회를 말한다. 그래야 사람들은 다른 일에 신경 쓰지 않고 각자 자기 역할에 충실할 수 있다. 그 무엇하나 법대로, 원칙대로, 약속대로 이행되지 않고, 뒷구멍을 통해 수를 쓰면 다른 결과가 나오는 나라는 후진국이다. 우리나라는 오랜 독재의 기억이 비정상적인 힘, 법 이외의 관행에 의해 사회가 굴러가는 것을 내버려 둔 것 같다. 우리나라에서 6·25 종전 이후 지난 60년간 군에서 의문사로 죽은 사람이 6만 명에 이른다(《한겨레신문》 2013년 3월 8일 자). 연평균 1,000명이 죽어나간 셈이다. 삼성가의 남자들은 그중 73퍼센트가 병역의 의무를 면제받았다고 한다. 대학 시절 강남 사는 남학생이 군대에 현역으로 가게 되면, "걔네 엄마 계모냐?"라는 소리가 공공연한 농담으로 나돌기도 했다. 우린 노벨상을 타고 국민소득 3만 달러를 달성하는 것으로 선진국에 진입하고 싶어 하지만, 그런 것보다 먼저 이뤄야 하는 것은 '투명사회'다.

프랑스에서 제도의 겉과 속이 같아 놀란 또 하나의 사례는 '근로감독관'이다. 68혁명 때 학생운동을 하다가 노동운동 쪽으로 돌아선 후, 노동자의 권익을 지키는 실질적 역할을 하고 싶어 근로감독관이 되어 평생 일했던 제라르 필로시Gerard Filoche 로부터 들은 이야기다. 그를 포함하여 프랑스 근로감독관들은 노동자 편에 서서 일하는, 즉 기업주로부터 노동자를 지키는 보안관이며, 그들은 근로감독관을 뽑는 국가고시를 거쳐 그 자리에 이른다. 제라르 필로시는 근로감독관으로 일하는 40여 년 동안 근로감독관 가운데 누군가가 고용주로부터 뇌물을 받았다거나 하는 불미스런 추문에 휩싸이는 걸 한 번도 본 적이 없다고 증언한다. 사회당의 가장 왼쪽 날개에 속하는 그는 근로감독관으로, 사회당 최고의 노동전문가로 명성을 떨치며, 수십 권의 저서를 집필했고, 대통령선거를 위한 사회당 내 경선에 도전장을 내밀기도 했다.

불행하게도 우리나라의 근로감독관들은 여전히 고용주 편에 더 가까이 서 있다는 원성을 듣고 있다(알바노조에 따르면 99퍼센

"자유·평등·박애." 1789년 프랑스 대혁명이 부르짖은 세 가지 이념은 프랑스의 모든 학교, 공공 기관 입구에 새겨져 있다. 프랑스의 한 공립초등학교 입구.

트의 아르바이트 노동자가 그렇게 느낀다). 근로감독관은 7급 공무원 시험에 합격한 사람 중 일부가 그 자리에 가게 되는 것으로, 그 일에 대한 특별한 사명감을 가지고 직업을 택한 경우가 아닐 가능성이 높다. 한국의 근로감독관이 노동자의 권리를 지키는 자부심 높은 전문직이 되기 힘든 것은 이렇게 등용의 방식에서 부터 비롯된다.

프랑스의 모든 공공기관 입구에는 '자유·평등·박애'라는 프랑스 대혁명의 정신이 여전히 적혀 있다. 그 세 단어를 음미하다 보면, 헛웃음이 터져 나오곤 한다. 그 혁명의 이상으로부터 너무도 멀리 와 있는 프랑스의 현실을 보며, 주변 사람들을 붙잡고 성토하고 싶어진다. 그러나 적어도 이 사람들은 중심을 잃지 않았다. 세상이 비틀거리고 추락할 때마다, 자신들이 건설하고자 했던 사회로부터 멀어져감을 느낄 때마다, 거리에 나와 "우리에겐 자유·평등·박애가 필요하다"고 외친다. 누구도 토를 달 수 없는 이들의 중심은 바로 그 혁명정신이다. 그래서 이들은 추락을 경험해도, 다시 힘을 모아 제자리로 돌아오곤 한다.

그렇다면 우리가 공유하는 가장 빛나는 기억, 한마음으로 지향하는 가치는 무엇일까? 시험 문제의 정답과 삶에서 만나는 정답이 다른 세상은 가치가 분열된 사회다. 우린 바로 그 전복되고 분열된 가치의 시대를 '지르밟으며' 가고 있다. 깨져서 산산조각이 난 가치들을 밟아야 하는 우리의 발바닥에는 피가 맺힌다. 끝나지 않는 부조리극을 보고 있는 것만 같은 이 시절. 마침내 이 시절을 청산하고 새 시대를 열게 된다면, 결코 후퇴할 수 없이 단단한 우리의 가치를 세워가는 일부터 다시 시작해야 할 것이다.

세월호 유족
파리 방문 중 생긴 일들

\

2016년 봄, 세월호 유가족분들과 함께 보낸 파리에서의 나흘은 경이로운 시간이었다. 마술처럼, 곤경에 처하면 바로 다음 순간 새로운 문이 스르르 열렸다. 이번 세월호 유족의 파리 방문행사를 준비하는 동안 모든 멤버들이 함께 경험한 일이다.

유족들의 강연과 영화 〈나쁜 나라〉의 상영이 예정되어 있던 소르본 대학 내 바슐라르 강의실은 천장 한가운데가 불투명 유리로 되어 있다. 해가 쨍쨍 내리쬔다면 화면이 선명하게 보이지 않을 수 있어 고민이 이만저만이 아니었다. 그러나 상영시간이 다가오자, 해는 사라지고 먹구름이 요란스런 바람과 함께 밀려

들었다. 우리는 아무 불편 없이 영화를 볼 수 있었다.

다음 날 교민간담회. 전날의 빡빡하고도 긴장된 일정 이후 모두 느슨해졌는지, 느지막하게 숙소에서 출발했다. 늦었다 싶어 버스를 포기하고 택시를 잡으려 했다. 파리에선 무작정 길에 서서 택시 잡는 일이 쉽지 않다. 일행이 다섯 명이니 잡기 어려운 택시를 두 대나 잡아야 했기에 마음 졸이는데 (순간 "도와줘!" 하고 마음속으로 주문을 외웠다) 그때 눈앞에 7인승 택시가 유유히 등장! 간담회장에 여유 있게 도착했다.

교민간담회가 끝나고, 점심 후에는 에펠탑에서 캠페인을 진행할 예정이었다. 구름 낀 하늘, 쌀쌀한 바람이 몰아치는 트로카데로 광장에 서서 캠페인을 할 수 있을까, 사람들이 모일까, 유족들이 춥진 않을까 염려하지 않을 수 없었다. 그런데 에펠탑에 도착하는 순간, 구름과 해가 바통 터치하더니 따사로운 햇살이 넉넉하게 광장을 비추었고, 사람들은 빨려 들듯 세월호 캠페인에 호응했다.

이 신기한 에피소드 중에서도 압권은 유경근 유족위원장의

세월호 유족 대표단과 함께한 소르본 대학 강연. Paris, 2016.

일화다. 프랑스 참사피해단체들을 만나러 가기 전, 어떤 질문들을 할 예정인지 물었다. 그는 질문하기보다 그들이 우리에게 뭔가를 제시해주길 원한다고 했다. '미팅 준비를 치밀하게 안하신 건가?' 순간 염려하지 않을 수 없었다. 그런데 정확하게 유경근 위원장의 말대로 되었다. 우리가 무엇을 구체적으로 제시하기도 전에, FENVAC(프랑스참사피해자유족단체연합)의 대표 스테판 자쿠엘이 세월호 유족대표단이 머릿속에 그렸던 최고치의 그림을 마치 사진이라도 찍은 듯 내놓는다. "우린 당신들이 지금 무엇을 찾아 유럽에 왔는지 안다. 우린 모두 피해자 가족이었고, 피해자 가족만이 알고 공감할 수 있는 일이 분명 있다. 우린 당신들과 함께 참사 피해자와 그 가족들을 위한 국제적인 기준을 마련하는 국제회의를 진행하길 희망한다."

천사가 된 희생자들이 분주히 오가며 우리를 도와준 것만 같다. 나의 이 고백에 유경근 집행위원장님도 한 말씀 거드셨다. "우리 애들이 그래서 바쁘다니까." 희생자들은 지켜보고 있을 거다. 그래서 유족들은 멈출 수 없고, 멈추지 않는 것일 터이다. 진실이 명백히 드러나는 그 순간까지.

내가 뽑은 올해의 인물,
유민 아빠 김영오

혼자, 2014년을 마무리하며 올해의 인물을 꼽아보았다.

내 머릿속에 가장 먼저, 주저 없이 떠오른 이름은 '유민 아빠' 김영오 씨다. 세월호가 304명의 인명과 함께 가라앉는 동안, 정부는 구출 쇼, 조문 쇼, 문책인사 쇼, 유병언 체포 쇼 등, '쇼쇼쇼'를 벌였다. 죽어간 생명들, 자식을 잃은 부모들 앞에서 이들은 인간이 가져야 할 최소한의 도리마저 팽개친 모습이었다. 무능한 대통령, 그 비루한 권력 앞에 앞다투어 머리를 조아리던 한 무리의 노예들(법원, 검찰, 경찰, 언론 등)에 맞서서 유족들은 내내 당당했다. "우리는 오직 진실을 원한다." 생존 학생들이 법정에서 판사에게 했던 말도 그것이었다. "왜 제 친구들이 죽어가야 했는지, 그 진실을 알고 싶습니다."

유족들과 함께 어깨를 걸고 진실을 요구하는 싸움을 하는 동안, 시민들은 고결하고 당당한 인간으로 서 있을 수 있었다. 죽은 세월호 희생자들이 살아 돌아올 수 없다면, 살아남은 자가 할 수 있는 단 한 가지는 그 죽음의 진실을 밝히는 것, 그리고 그 죽음을 사주한 자들을 벌하는 것이다. 돈이 아니라 '진실'을 요구한다는 사실이 간혹 어떤 사람들을 놀라게 했던 것 같다. 정권과 국회와 언론이 모두 작당하여 공격할 때 맞서 싸울 수 있는 시민들이 있다는 것도 몇몇 사람들을 불편하게 한 것 같다. 그러나 그 기적 같은 강력한 저항을 통해 우린 부패한 권력과 그 속에서 함께 썩어간 시대정신을 다시 일으켜 세울 수 있었다.

우린 죽음으로도 진실을 말할 수 없는 시대에 일찌감치 진입했다. 장자연의 죽음은 그가 고발한 그 어떤 작자도 벌하지 못했고, 세상을 눈곱만큼도 바꾸지 못했다. 윤 일병이 폭행으로 사망했지만, 그 순간에도 그 직후에도 군에서는 인간의 정신과 몸을 파괴하는 고문에 가까운 폭력과 희롱이 자행되고 있다.

그럼에도 여전히 가난한 시민이 가진 가장 값진 무기는 그의 생명이라는 듯 김영오 씨는 자신의 생명을 잘게 조각내어 이 질긴 투쟁의 제단에 바쳤다. 우리가 빠진 수렁은 생각보다 깊고 어둠은 생각보다도 완강하며, 악취는 생각보다 독하다. 진실을 알고자 하는 욕구를 죄악시하는 이 사회는 부대낌 없이 이곳을 살아내고 싶거든 노예의 정신을 갖추라고 우리에게 요구한다. 유족들의 싸움은 결국 노예가 되는 것을 거부하는 싸움이다. 이것은, 2014년 남한 사회에서 '좌빨'의 징표가 되어버린 "진실을 요구하는 인간들의 싸움"이며, 민주주의라는 거적을 둘러쓴 집단을 향해 그 실체를 요구하는 싸움이다.

김영오 씨뿐 아니라, 유족들 모두가 우리에게 이 고귀한 메시지를 전했고, 행동했다. 《조선일보》가 혼외자식 이야기를 꺼내자마자 사표를 내고 사라졌던 한 고관대작과 달리, 더러운 수작에도 꿈쩍없이 존엄을 지키며 시대의 성자처럼 자신의 자리

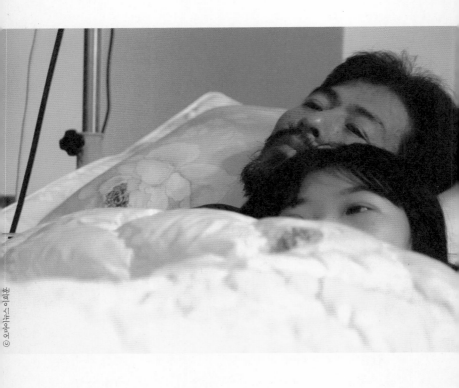

김영오 씨의 딸 유나 양은 왜 이렇게 팔이 말랐느냐며 핀잔을 주면서도
아빠의 팔을 베개 삼아 그 곁에 누웠다.

를 사수한 김영오 씨. 그의 모습은 많은 사람의 영혼 속에 강렬하게 각인되었다. 싸움은 아직 끝나지 않았고, 그가 보여준 고귀한 모습은 앞으로도 우리의 진실을 위한 투쟁을 이끌어주리라 믿는다. 세월호의 진상규명 없이 대한민국에 미래는 없다.

우리 함께 울자

\

세월호 참사 발생 200일이다.

자신의 열일곱 번째 생일에 돌아온 황지현 양의 발인과 세월호 희생자들을 위한 200일 추모식이 열렸다. 떠나간 친구들에게 전하는 편지를 읽는 세월호 생존 학생은 하염없는 눈물을 친구들의 영전에 바친다. 그의 눈물이 아름답다.

   그의 눈물을 보며 노무현의 장례식에서 아이처럼 펑펑 울음

2014년 11월 1일에 열린 세월호 참사 200일 추모제에서 세월호 생존학생이 추모 편지를 낭독하며 오열하고 있다. ▶

을 터트리던 김대중 전 대통령의 눈물을 보았을 때처럼, 나도
다시 한 번 하염없는 눈물을 쏟았다.

그에게 이 말을 건네고 싶다.

울어라. 우리 모두 함께 울자. 눈물은 아름다운 것이다. 진실
함이고, 솔직함이다. 이토록 큰 슬픔 앞에서 우리 함께 목 놓아
울고, 그리고 진실을 역사 속에 남기기 위해 다시 싸우자. 우리
위에 내려앉은 이 거대한 슬픔은, 진실을 덮고 쌓아 올린 거짓
의 산더미에 올라앉아 더 큰 거짓의 성을 쌓아야만 숨 쉴 수 있
는 자들이 벌인 일이다. 그리고 그들은 이미 합당한 벌을 받고
있다. 단 한순간도 진실을 살지 못하는 그 벌을. 우린 지금 울
고 있지만, 결코 패자가 아니란다. 우린 함께 진실의 편에 서 있
기 때문이다. 정의의 편에 선다는 것은 삶에 드리울 수 있는 거
대한 축복이며, 인생을 아름답게 가꿀 수 있는 강렬한 휘장이
다. 우린 그걸 갖고 있다.

박원순에게
더 센 가격을

\

2010년, 사르코지 정권 때 프랑스 교육부는 중학교 생물 교과
서에 '남자와 여자 되기'라는 장을 삽입했다. 교과서는 "모든 사
람은 태어날 때, 생물학적인 성을 하나씩 갖고 태어난다. 남자
혹은 여자로. 그러나 자라나면서 여러 가지 요인에 의하여 자신
의 생물학적인 성과는 다른 사회적인 성, 즉 젠더를 가질 수 있
다"고 기술하며, 사람이 다양한 성적 정체성을 가질 수 있음을,
이것이 너무나 자연스러운 사회의 한 현상임을 주지시킨다. 사
람이 성장하며 자신의 생물학적인 성과는 다른 젠더를 갖게 될
수 있으며 이를 차별해서는 안 된다는 교과서의 내용에 대해,

오직 단 한 부류만이 반발했다. 극우 가톨릭 단체였다. 그러나 사르코지 정부는 이를 간단히 일축한다. 젠더에 대한 이토록 선명한 정의를 진작 싣지 못한 것이 오히려 후회된다면서. 교육계와 생물학계가 거의 만장일치로 합의한 이 내용에 일말의 후회도 없다고 장담한다. 극우 가톨릭계가 주장한 것도, 성 소수자를 차별하자는 것은 아니었다. "굳이 그런 얘기를 교과서에 언급할 필요가 있는가. 이야기하면 할수록 아이들의 호기심을 더 부추기지 않겠는가. 그냥 언급하지 말고 넘어가면 안 되겠는가" 하는 것이었고, 이 주장은 씨알도 먹히지 않았다.

이 일을 다시 떠올린 건, 2014년 겨울, 극우 기독교도들의 협박에 굴복하여 성 소수자 차별 금지 조항을 담은 서울시 인권헌장을 폐기한 박원순 시장 때문이다.* 정상적으로 돌아가는 세상의 한구석이 있다는 것, 그것이 수도 서울이라는 위안은 희망 없는 혼돈의 시대를 건너가는 한국 사람들에게 엄청난 의미

---

* 2014년 12월 10일 박원순 서울시장은 서울시가 서울시민 인권헌장 제정을 포기한 것과 관련해 "책임을 통감한다"며 사과와 유감을 표명했다.

146

가 있었다. 그래서 박원순 시장이 이해할 수 없는 행보를 보일 때 사람들은 큰소리로 그에게 경고하는 것이다. 박원순이 행한 이 변호 불가의 후퇴를 성토하는 사람들을 향해 누군가는 말한 다. 노무현 뽑아놓고 뒤흔들기를 할 때처럼 왜들 그러냐고. 좀 지켜보면 안 되냐고. 난 단호하게 말할 수 있다. 절대 지켜보기 만 해서는 안 된다고.

나는 시장에 권력이 넘어갔다 공언하던 노무현 전 대통령을 그리워한 적이 없다. 지금이 최악이라고 해서 이전이 좋았던 것 은 아니다. '반미'면 또 어떠냐던 그가 순순히 미국의 뜻대로 파 병하고, 김선일 씨를 죽게 하고, 한미FTA를 강행했을 때, 취임 직후 노동계가 아닌 재벌들을 잇달아 만나 공약들을 슬금슬금 철회하기 시작했을 때, 우린 더 가혹하게 노무현을 다그쳤어야 했다. 그리고 지금 우리는 박원순이 노무현의 전철을 밟지 않도 록 하기 위해서라도 더 매섭게 질책해야 한다.

꼭대기에 올라서면 왼쪽과 오른쪽이 다 보인다. 그가 왼쪽 능

Paris, 2013.

선을 타고 그 자리에 올라갔을지라도, 이제 다른 쪽 목소리도 두루두루 들어줘야 내가 더 큰 지도자가 되는 게 아닐까 하는 생각이 그의 머릿속에 차츰 스밀 것이다. 적진에 두고 바라보았던 그 모든 사람과 악수를 나누며, 이 나라를 함께 이끌어가는 파트너가 되고 싶다고 생각할 것이다. 그러다 보면, 왼쪽에서 들려오는 자신에 대한 비난의 목소리를, 더 큰 지도자가 되기 위해 으레 거쳐야 할 통과의례라 여기며 슬그머니 외면하는 자신을 정당화하게 되는 것이다.

1981년 마침내 권력을 쟁취한 프랑스 사회당이 집권 2년 만에 빛을 잃기 시작했던 건, 차마 '우리 편'을 비판할 수 없었던 좌파 진영 사람들의 우유부단함 때문이었다. 우리는 성 소수자들의 존재를 지지하고 말지를 시장에게 묻지 않았다. 다만 세상 모든 사람이 자신의 피부색이나 성별, 국적, 경제적 능력, 그리고 성적 취향과 무관하게 평등한 권리를 누려야 한다는 자명한 사실이 다시 한 번 천명되기를 바랐을 뿐이다. 박원순이 돌파해야만 하는 이 문턱. 그로 하여금 이를 넘어서게 하려면 더 격렬하게 그의 잘못을 성토해야 한다. 그것만이 그를 돕는 길이다. 박원순 서울시장은 이 판단으로 자신이 사르코지 시절의 우파 관료들보다 한참 낮은 수준으로 전락했다는 사실을 깨달아야 한다. 박원순의 엉덩이를 향해 더 센 가격을! 박원순은 아직 소중하니까.

쓸쓸한 그림자를 드리운
한 노인의 죽음

＼

2013년 여름, 한 노인이 죽었다. 그 이름도, 공적도, 심지어는 얼굴도 전혀 알려진 바 없는 한 노인의 죽음을 추모하러 줄줄이 가서 꽃을 바치고 온 정치인들의 이름이 들려온다.

　제일 처음 엄숙한 표정으로 등장한 사람은 안철수였다. 진지한 얼굴로 흰 국화를 들고 선 안철수의 모습은 그 노인의 죽음, 그것이 촉발할 희한한 장면들을 알려주는 신호탄 같은 것이었다. "아, 저 자식 저럴 줄 알았어" 따위의 타박을 자동적으로 부르는, 거대한 권력을 잡기로 결심한 자가 가야 하는 지저분한

길을 기꺼이 걷기 시작한 일종의 인증 사진이었다. 사람들의 비난이 장맛비처럼 쏟아졌다. 그렇다고 자신의 행보를 후회할까? 그럴 리가.

삼성이 저지른 파렴치한 행각을 폭로한 죄 아닌 죄로 물러난 노회찬의 자리를 잽싸게 차지한 안철수가, 표를 얻겠다고 서민들의 손을 잡는 척 선량한 척 순수한 척을 하더니만, 평소 안면조차 없을 한 할머니의 죽음을 추모하러 갔다. 그 이유는 삼성가라는 재벌 권력에 대한 굽신거림 외에 다른 무엇일 수 없다. 비난이 쏟아지자, 거기에 간 건 안철수뿐이 아니었다는 반론이 이어진다. 새누리당 의원들과 현 내각은 물론, 김한길도, 문희상도, 심지어는 문재인, 박원순도 질세라 조문을 했으니 그 혼자 들어야 할 비난은 아니라는 거다.

그런데도 어쩐지 정치 입문 몇 개월밖에 안 된 자가, 잽싸게 삼성가의 조문객이 되어 자본 앞에 머리를 조아리는 그 날렵함이 정치인이라는 옷의 역겨움을 잘 보여주는 듯해 긴 한숨이 쉬어지는 건 어쩔 수 없다.

부끄러움도 무엇도 없이 삼성가에 잘 보여야 한다는 그 본능적인 직감으로 노인의 주검 앞에 고개를 조아린다. 마음에도 없는 슬픔을 가장해 보이면서.

아들은 중앙일보사 사장, 딸은 리움 박물관 관장, 사위는 삼성그룹 회장, 남편은 친일인명사전에 영광스런 이름을 올린 판사 홍진기. 자신은 평생 호의호식하였으며, 그의 자손·남편·일가친척들은 온통 노동자와 서민들을 착취했던 한 노인을 조문하는 일이 그토록 중요한 정치인들의 임무라면, 이제 정치인들은 대한민국 모든 사람의 죽음에 참석해야 할 것이다. 누구의 죽음도 이 노인의 죽음보다 가치 없지 않을 터이니.

지지율 상승시킨
올랑드의 연애와 황색 언론

77퍼센트. 이것은 취임 이후 프랑수아 올랑드를 향해 프랑스인들이 보내준 것으론 최고치에 이르는 숫자다. 불행하게도 이것은 그에 대한 지지율이 아니라, 그의 사생활에 대한 프랑스인들의 무관심을 표한 숫자였다. 그럼에도 불구하고 이 숫자가 매우 긍정적으로 읽히는 것은 부인할 수 없다. 특히 공직자의 사생활을 물고 늘어지며, 중대 사안에 흙탕물을 튀기는 데 일가견이 있는 언론들을 주로 보아온 사람의 입장에서는.

2014년 1월, 프랑스 주간지 《클로저》는 대통령 올랑드가 한 여배우와 파리 시내의 아파트에서 정기적으로 밀애를 즐겨왔다는 사실을 폭로했다. 그들이 게재한 사진에는 머리엔 헬멧을 쓰고 스쿠터를 탄 올랑드가 아파트 앞에 도착하는 장면이 포착되어 있다. 이 보도에 대해 올랑드는, 대통령이 아닌 한 개인으로서 "모든 시민이 누려야 할 개인의 사생활 보호에 대한 심각한 침해에 통탄한다"며 자신의 심정을 피력했다. 잡지사를 상대로 법적 절차까지 검토하겠다고 말했다.

사건이 전해지자 가장 심각한 반응을 보인 사람은 당시 올랑드의 공식적인 파트너인 발레리 트리에르바이레였다. 그녀는 소식이 알려진 후 병원에 입원했다. 정치권은 여야를 막론하고, 공직자의 사생활을 침해한 매체를 향해 일제히 비난의 목소리를 냈다. 언론도 마찬가지다. 2013년 말 올랑드의 우향우 선언 이후 비판의 날을 세우던 《르 몽드Le Monde》나 《리베라시옹 Libération》도 이론의 여지없이 정치인의 사적인 영역에 대해 국민이 알 권리를 갖지 않는다는 원칙을 확인하고, 이 폭로가 끼친 영향이 크지 않다는 사실을 강조하며 사건을 진화하려 했다.

판매 부수가 늘어나는 횡재를 누리긴 하였으나, 유명인들의 가십을 캐고, 폭로 사진을 올리는 것을 전문으로 하는 전형적 황색 저널 《클로저》는 사회 전체가 그들에게 쏟아대는 비난의 화살에 직면했다. 그러자 이렇게 변명한다. "올랑드는 보통 대통령이라면서요. 우리와 같은 보통 사람이고요. 그런 그의 평범한 삶을 다른 스타들의 삶을 다루듯이 다룬 것뿐이에요. 이걸 마치 정치적 문제인 양 심각하게 받아들일 필요는 없는 거죠." 대다수 국민들이 알기를 거부하는데도 굳이 남의 사생활에 카메라를 들이대고 동네방네 떠들어댄 황색 언론의 능청스러운 변명이지만, 그들의 주장은 그 자체로 나름의 설득력이 있다.

프랑스 대통령이라는 권력을 가진 남자가 한밤에 스쿠터를 타고 애인을 만나러 파리의 한 아파트를 드나드는 모습은, 채홍사까지 두고 여배우며 여대생을 유린하고 희롱했던 박정희와는 비교할 수조차 없으며, 인턴사원과 백악관에서 밀애를 즐기다가 사실이 발각되자 끝끝내 교묘한 말장난으로 사실을 부인

하던 클린턴의 비겁함과도 거리가 있다. 올랑드는 바람피우는 중년 남자의 옹색하면서도 애절한 태도를 그대로 드러냈고, 사실이 드러났을 때도 해당 언론을 힘으로 찍어내리기보다, 한 사람의 시민으로서 누려야 할 사생활 보호권이 침해된 것을 억울해했다. 그래서일까. 《클로저》가 알려준 사실이 자신의 대통령에 대한 견해를 수정하게 했다고 답변한 프랑스인 16퍼센트 중 3퍼센트는 오히려 올랑드에 대한 '호감이 상승'했다고 답했으며, 대통령의 밀애 폭로가 있고 난 뒤 나온 첫 여론조사 결과에서 올랑드의 지지율은 2퍼센트 상승했다. 그의 국정이 대다수의 프랑스인을 실망하게 했을지언정, 의외의 구석에서 드러난 '보통 사람'다운 면모와 사생활 폭로 전문 언론사의 희생양이 된 사실에 대한 동정심이 빚어낸 결과였다.

문득 채동욱 검찰총장이 떠올랐다. 있는 힘을 다해 권력의 부정과 맞서려 했던 공직자를 '혼외 자식'이라는 자극적인 연기를 피워대는 것으로 낙마시킨 《조선일보》. 그들은 채동욱 뒤흔들기를 통해 최악의 황색 언론의 면모를 유감없이 보였다. 그리고 그들은 《클로저》 같은 매체가 세상을 향해 던진 천연덕스러운 변명조차 하지 않는다. 권력의 향방을 좇으며, 지조 없이 앞장서서 짖어댈 뿐.

올랑드가 시작한 새 연애가 여러 갈래 복잡한 생각을 피워내는 통에 자정을 훨씬 넘겨 잠자리에 들면서, 아직 꿈나라로 가지 못한 옆지기에게 살짝 물었다.

"올랑드 스캔들 알아?"

"무슨 올랑드 스캔들! 그건 잡지사 《클로저》가 일으킨 '클로저 스캔들'이지."

이 말을 끝으로 그는 이불을 뒤집어쓴다. 이 남자도 남의 사생활을 들춰내는 걸 끔찍하게 싫어하는 77퍼센트의 프랑스인 중 하나다. 옆지기의 논리대로라면, 혼외 자식 운운했던 그 사건은 '채동욱 스캔들'이 아니라 '조선일보 스캔들'이었던 거다. 우리의 문제는, '조선일보 스캔들'이 한도 끝도 없이 지속되리라는 사실이다. 그들을 뿌리째 들어내기 전에는.

뉴스타파는 옳다

＼

들여다보아서 아름다운 남의 성생활은 없다. 포르노그래피 pornography는 타인의 에로스를 가리키는 다른 말일 뿐이다. 들여다보는 행위 자체의 천박함 때문에 필연적으로 불쾌감을 느끼고, 그래서 외면하고 싶어진다. 그럼에도 이번 이건희 성매매를 '뉴스타파'가 보도하기로 한 결정에 대해 주저 없이 지지를 보낸다. 대한민국을 통틀어, 배우 성현아가 성매매에 연루된 유일한 인간이라도 되는 것처럼(끝내 그녀는 무죄 판결을 받았다) 검찰이 그녀를 기소하고 재판이 열릴 때마다 언론이 이를 성실히 보도하고 자빠졌을 때 분노했던 것과 같이(우린 한 번도 상대 남성의 얼굴을 보거나 그의 이름조차 들은 바 없다), 세상에서 가장 완벽한 성매매 천국으로 보이는 나라, 그럼에도 여전히 그것을 불법으로 치부하는 위선적 법치국가에서, 이토록 거창하게 성매매를 해온 돈 많은 남자에게도 같은 법이 적용되길 바라기 때문이다.

이건희가 성매매하면서 불러들인 여성들에게 던져준 500만원이란 돈은, 삼성반도체에서 일하다 백혈병에 걸려 죽어가는 딸을 둔 아버지에게 "이걸로 끝내자"며 삼성이 던져준 목숨값과 같았다. 치료비가 모자라 그 조롱의 돈뭉치를 받아들여야만 했던 아버지는 다른 피해자들을 찾아 나섰고, 그렇게 해서, 하나둘 조용히 사라져가던 삼성반도체의 직업병 사망자 76명이 세상에 드러났다. 그러나 여전히 삼성은 책임을 회피하는 중이다. 이제 사람의 목숨을 제물로 부를 축적해온 삼성의 치부를 온 세상이 조롱해주어야 할 차례다. 이 나라 검찰을 '떡검'(떡값 받는 검사)으로 만들어준 장본인이 도마 위에 올랐으니, 그가 저지른 성매매가 제대로 수사될 가능성은 없어 보인다. 그러나 간혹 살아 있는 몇몇 언론은 의미 있는 일을 해낼 수 있다. 뉴스타파는 법마저도 돈 주고 산 재벌들 앞에서, 사법 정의가 좀처럼 작동하지 않는 한국사회 속에서, 기꺼이 타인의 성생활 폭로라는 악역을 맡으며, 이건희의 공공연한 범죄를 세상에 드러냈다.

2014년 피노키오 상* 수상으로 삼성의 부도덕성은 전 세계에 공인된 바 있다. 어느 한구석 투명하지 않고 정상적이지 않은, 거대 공룡 삼성이 망하지 않게 하려면 우리는 최대한 그들이 키워가고 있는 죄의 목록을 들추어내야 한다. 어느 날 썩고 곪아 터진 공룡이 풀썩 주저앉아 이 나라 경제를 송두리째 끌어안고 강물로 떨어지기 전에.

---

* 프랑스 인권단체들이 주관하는 상으로, 전 세계에서 가장 거짓말 잘하는 기업에게 수여하는 상이다. 2014년에는 6만 1천 명의 투표로 삼성이, 정유회사 쉘Shell, 가스회사 지디에프 수에즈GDF Suez와 함께 수상 기업으로 선정되었다. 피노키오 상에는 3개의 상이 있는데, 삼성에게 수여된 상의 이름은 "더러운 손, 불룩한 주머니" 상이었다.

고캔디의 이유 있는
부친 저격

\

2014년 봄 어느 아침, 집을 나서기 전 잠시 훑어보던 인터넷에서 고승덕의 딸 '고캔디'의 글을 발견했다. 뉴욕 부근에서 그 글을 쓴 시각은 불과 한 시간 전. 누군가 그녀가 진짜 고승덕의 딸인지를 의심하기에, 그녀의 이름을 인터넷에서 찾아보았다. 아무것도 나오지 않았다. 아직 언론은 감지하지 못한 상황으로 보이나 내 눈에 그것은 100퍼센트 진실이었다. 어머니가 누구고 또 외할아버지가 어떤 존재인지, 어디서 태어났고, 한국에서 또 얼마나 살다가 미국으로 왔는지 등. 본인이 아니고서는 이런 이야기를 자세히 적기란 쉽지 않다. 이 글이 엄청난 화력을 지닌 폭탄처럼 느껴졌던 건, 그 동네, 그 계급의 불문율이라는 걸 전복하는 힘을 가졌기 때문이다. 고승덕이 인간으로선 발아조차 못한 미숙아였단 사실은 조금도 놀랍지 않았다. 그러나 그런 형편없는 인간이 아비일지언정 한국사회는 부모를 거스르는 자를 관대히 보아주지 않거니와, 소위 상류사회에서 부모와 자식은 어차피 정과 사랑보다 서로를 이용가치에 따라 사회적 병풍으로 이용하는 경우가 허다하다. 자기들끼리 만나서 으르렁거리더라도, 서로 이용가치가 있으면 나중을 위해 거래를 하지 이처럼 정면 돌파하는 일은 좀처럼 볼 수 없다. 박근령이 박근혜와 평소 원수지간으로 지내다가도, 선거 전날에는 언니를 지지한다고 선언하는 것처럼. 고캔디의 태도는 기득권 세력 혹은 귀족 집단의 금기를 뒤집어 엎어버리는 파괴력을 지니고 있었다. 생물학적으로만 아버지였던 자. 정서적 아버지의 부재를 아픔으로 품고 자랐을 그녀가 이렇게 훌쩍 계급의 한계를 뛰어넘는 것을 보며, 고뇌와 갈등을 딛고 그녀가 획득한 너른 세계가 느껴졌다. 자고로 새로운 문명의 태동은 아버지를 죽이는 것으로 시작되는 법.

가부장제는 불행의 족쇄다

＼

의사 오빠에 의해 어린 시절부터 성폭행을 당해온 한 여성의 이 야기에 며칠 밤을 뒤척였다. 그는 소녀 시절부터 학업성적이 좋은 장남으로부터 지속적으로 성폭행당했고, 결혼해 가정을 이룬 뒤에도 집에 찾아온 가해자에게 성폭행당했다. 평생 자살을 꿈꿔온 이 여성은 마침내 제 인생을 살아보기 위해 오빠가 저질러온 범죄를 경찰에 고발하기에 이른다.

가부장제가 장남에게 부여한 막강하고 '신성한' 권력으로 인해, 그는 근친 성폭행범으로, 사회적 양심을 망각한 망나니로 성장했다. 그들의 어머니는 딸의 방에서 빈번하게 성폭행이 이뤄진다는 사실을 알고 있었지만 묵인했다. 두 자녀는 끔찍한 범죄자와 그 범죄의 피해자로 자라났다. 오빠의 아이를 임신하는 지경까지 이르렀지만, 어머니는 임신중절을 서둘러 일을 무마하려 했다. 장남의 범죄를 인정하는 것은 부모들이 가꾸고 지켜온 가부장제의 성城을 무너뜨리는 것이기 때문이다. 딸이 침묵을 지켜주기만 한다면, 그들은 가부장제로 완성되는 그럴듯한 가정을 이룰 수 있기 때문이다. 그러나 그렇게 아무런 통제 없이 자란 큰아들은 어머니에게까지 폭언과 폭력을 행사하였고, 부모는 자신들의 무지와 야만의 열매가 휘두르는 채찍을 받아들여야 했다.

가장 안전하게 보호받아야 할 장소에서, 부모의 오랜 묵인 속에서 성폭력에 시달려온 한 여성의 용기와 결단으로 이 이야기는 세상에 드러났고, 가해자는 겨우 5년의 실형을 선고받았다. 그리고 법정은 부모에 대해서는 아무런 죄도 묻지 않았다. 부모는 재판 과정에서 아들을 두둔하는 증언을 했다.

가부장제가 부여한 과도한 남성 권력이 가족과 사회를 병들게 하는데도 스스로 궤도 수정을 할 줄 모르는 이 땅에서, 불굴의 의지로 잔혹한 현실을 세상 밖으로 끌어내 마침내 승리하는 여성들을 보노라면 환희와 절망이 교차한다. 자신이 겪은 고통을 세상 밖으로 드러내고 가해자를 단죄하는 것만이 스스로 지옥에서 해방되는 방법임을 알지라도, 그 수많은 장애물을 건너면서 그들은 얼마나 지치고 다치고 다시 좌절하게 될 것인가. 그러나 용기를 내어 자신의 고통을 끄집어내는 순간, 그것은 이제 개인이 아닌 사회의 문제가 된다. 그리고 피해자는 이러한 경험을 공유하고 사회에 가해자 처벌을 요구함으로써 자기 자신뿐 아니라 동료 여성들을 비추고 끌어안게 된다. 당신들이 저지른 국가적 범죄를 인정하라는, 자신의 온 생애와 존엄을 건 싸움을 통해 일본군 위안부 피해 여성들이 세상의 모든 군 위안부 피해자를 위해 싸우는 운동가로 거듭났던 것처럼.

Seoul, 2010.

치유되지 않은 위안부의 역사

\

안 안슬랭 슈첸버거Anne Ancelin Schützenberger라는 정신분석학자
의 저서를 읽는 중이다. 우리 나이로 올해 98세인 이 여성은 여
전히 저술 활동을 하는 현역 학자다. 스테판 에셀Stephane Hessel,
테레즈 클레흐Thérèse Clerc에 이어 발견하는 생동하는 노년의 삶
이다. 사회심리학 전문가이고, 특히 '가계심리학'이라 번역할
수 있는 psychogénéalogie의 체계를 세웠다. 한 사람의 가계
를 3~4대까지 거슬러 올라가다 보면, 자신이 알든 알지 못하
든 그들의 조상들이 겪어왔던 외상과 치명적 경험들이 있기 마
련이고 그것이 가계를 타고 전해져 부지불식간에 개인의 행동

168

과 태도, 성향 등으로 발현된다는 것이 이 학문의 주된 가설이다. 즉 개인의 의지와 무관하게 자꾸 끌려가게 되는 한 가지 방향, 혹은 내가 한사코 거부하게 되는 무엇, 헤어날 수 없는 괴로운 습관, 이해할 수 없는 선택들은 종종 나의 윗세대들과 관계가 있다는 거다.

그것은 사회 전체로도 적용된다. 한 세대가 사회적으로 겪고 있는 병리적 태도는 당연하게도 그 이전 세대, 혹은 더 이전 세대가 경험한 트라우마가 우리에게 전해진 결과라는 것이다. 모든 정신적 질병이 그러하듯, 그것의 원인을 밝혀내려는 시도야말로 우리에게서 반복되는 병리 현상을 멈추는 출발점이다.

어느 때보다 위안부 문제에 대한 논의가 활발한 이 시점에, 문득 장자연 리스트에 올랐던 뻔뻔한 남자들의 이름이 새삼 떠오른다. 70여 년 전 이 땅의 수많은 여성이 일본군의 위안부로 끌려가도록 방치하거나 조력하고, 그중 무사히 생존한 이들을 박대한 남자들이 지금까지 계속 여성들을 성적으로 착취하고 있으며 단죄되지도 않는다는 사실. 두 가지는 무관한 문제로 보이지 않는다.

그들의 조상이 비겁하게 조력하거나 방치한 그 일에 대한 알리바이를 똑같은 행동을 저지르는 것으로 합리화하고 있는 것이 아닌지. 똑바로 바라보고 인정하고 해법을 찾기를 거부하는 그 태도, 마침내는 가해자와 서둘러 합의 도장을 찍고 치워버리려는 태도가, 결국 대한민국을 지상에서 가장 왕성한 성 산업 국가로 만들어버린 것은 아닌가 하는 생각이 책을 읽는 내내 떠나지 않는다.

이토록 심하게 자국의 여성을 비하하고, 차별하다 못해 혐오까지 하는 사회가 세상에 또 있을까 싶을 만큼 여성혐오는 또렷한 '헬조선'의 한 징후로서 두드러지고 있다. 웹상에서 벌어지는 여성에 대한 집단적 린치를 똑같은 어휘로 갚아주는 사이트까지 탄생하면서 세계 페미니즘 운동사에 새로운 장을 쓰고 있다. 여성을 혐오하는 것, 그것은 그들의 가장 부끄러운 구석을 감추는 비겁한 방법인지도 모른다.

식민통치의 시대는 종식되었지만, 그 시절 빚어진 비극에서 기인한 트라우마는 하나도 해소되지 않았고, 여전히 한국사회를 피멍 들게 한다. 거기서 헤어날 수 있는 유일한 방법은 과거를 똑바로 바라보고, 명확히 기록하고 인정하며, 반성과 사과로 매듭짓는 것이다. 한사코 과거를 덮으려는 나라에서 위안부 피해 여성들은 그 위대한 일을 시작한 사람들이고, 우리는 그들이 모두 세상을 떠나기 전까지 역사에 명확히 이 일을 기록하고 청산해야 한다. 그 끔찍한 역사를 올바르게 청산해야만 비틀린 현재의 우리를 수정할, 반복되는 트라우마로부터 탈출할 길이 열릴 것이다.

사과, 아무에게나
허락되지 않는 행동

\

사과하는 것은 매우 어렵다. 칭찬보다 훨씬 어려운 게 사과다. 진정한 사과를 할 줄 아는 사람은 위대하다. 진정한 사과가 이루어지면 평화가 찾아오고, 새로운 시작을 할 수 있게 된다.

아베는 당연히 그 사과를 할 수 없다. 위대함과는 거리가 먼 인물이니까. 오욕의 비틀린 역사를 바로잡고, 깨끗이 사과하고, 용서하고, 새로 출발하는 일은 결코 박근혜나 아베 같은 소인배들의 시대에서 이뤄질 수 없다. 그들은 몇 푼 돈으로 역사를 지우려다 온 세계를 더 떠들썩하게 만들고 말았다. 노년의 위안부 피해 여성들이 모두 돌아가시고 나면, 일본은 사과를 하려야 할 수도 없게 된다. 일본인들은 자기의 추한 역사를 모르는 어리석은 국민이라는 오명을 영원히 벗을 수 없게 될 것이다.

박근혜와 아베의 어리석음으로 세상은 이 새삼스러운 진실을 더 자세히 들여다보게 되었고, 천박한 돈 따위가 감히 끼어들어 해결할 수 없는 일이 있다는 걸 알게 되었다. 이 기나긴 역사 전쟁의 승자는 이미 할머니들이다. 돈으로 안 되는 것들이 점점 더 늘어가는 세상을 만드는 것, 앞으로 우리가 해야 할 일이다.

야권은 왜 분열하냐고?

＼

절박함에서 오는 타박인 줄은 알지만 '야권 분열'이라는 말을 들을 때마다 황당해진다. 여권은 단합하는데 야권은 분열한다? 여당은 원래 하나밖에 없는 거다. 야당은 여러 개일 수밖에 없는 거고. 자유민주주의 사회라면, 여러 개의 서로 다른 지향점을 가진 정당이 공존하는 것은 당연한 일이다.

　미디어를 통제할 뿐 아니라 선관위를 비롯한 각종 선거 관련 시스템을 좌우할 수 있는 여당을 넘어서기 위해 나머지 모든 정당이 힘을 합쳐야 한다는 건 현 상황에서 시급한 명제이다. 그러나 합치지 않는다고 해서 비난할 수는 없다. 함께 할 수 있었다면, 애초에 따로 당을 만들지도 않았을 터이다. 이번엔 국민의당이 비난의 화살을 집중적으로 받고 있지만, "대大를 위해 소小를 희생하라"는 협박을 우리는 선거 때면 언제나 들어왔다. 마치 야권이 여러 개의 당으로 존재하는 것이 이기적이고 어리석은 일이라도 되는 것처럼.

대선이라면 모르겠다. 그러나 당선자가 300명이나 되는 총선에서조차 각 정당이 자기 목소리를 낼 기회를 갖지 못한다면, 의회 민주주의가 어떻게 온전히 작동할 수 있을까. 나는 이제 의회에서 본격적으로 '결선투표제'를 고민해야 한다고 본다. 1차에서는 각자 자유롭게 지지하는 정당을 찍고, 과반 득표자가 없는 경우 2차로 넘어가 최다 득표자 두 명을 중심으로 성향이 맞는 당끼리 헤쳐 모여 진검 승부를 가리도록 하는 것이다. 물론 비례대표제를 유지하는 것을 전제로 해야 한다.

프랑스를 비롯해 30여 개 국가에서 이 제도를 시행하고 있고, 적어도 40년째 결선투표제를 시행하고 있는 프랑스에서는 선거 때 야권 분열이니 어쩌니 하는 타박을 들어본 적도, 그런 일로 온 선거판이 진을 뺄 일도 없다. 혼자 선거를 치르는 게 힘에 겨운 작은 정당을 위해, 선거 때마다 자동으로 비슷한 노선을 가진 정당끼리 선거연합을 할 수 있는 시스템도 갖춰져 있다. 민주주의의 길은 멀고, 그것에 가까이 가기 위한 시도는 끊임없이 모색되어야 한다. 그럴 때만 간신히 근처에 가볼 수 있는 것이 민주주의다.

박근혜는 대한민국의
합법적인 대통령이 아닙니다

＼

2013년 11월 4일, 에펠탑 앞에서 100여 명의 교민과 유학생, 프랑스인들, 그리고 지나가던 관광객들까지 모여 집회를 열었다. 이 자리에 온 어느 여행자의 발언이 압권이었다. "박근혜 얼굴을 안 보면 술을 좀 덜 마실까 하여 없는 돈 털어서 여행 왔더니 하필 박근혜가 파리에 따라오고, 다음 주에는 런던에 가는데 그때 또 박근혜가 런던으로 따라온다니"라며, 그는 "박근혜, 따라오지 마"라는 구호를 외쳤다. 그는 이곳 파리, 1789년 대혁명과 파리코뮌과 68혁명의 바로 그 도시에서부터 다시 정의와 민주주의를 바로 세우는 촛불의 열기를 새로 지펴나가자는 멋진

2013년 11월, 박근혜 '댓통령'의 프랑스 방문을 앞두고 파리의 한인들은 나름의 환영식을 준비했다. 우리가 그녀에 대해 생각하는 바를 현수막으로 만들어 들고서. 11월 3일은 에펠탑, 4일은 루브르 박물관 앞에서 집회를 가졌다. 사진은 루브르 박물관 앞에서 가졌던 '댓통령' 환영식의 한 장면. 전날 프랑스 경찰들은 한국 대사관으로부터 집회를 불허해 달라는 요청을 받았다고 귀띔해주었다. 그러나 자신들이 판단할 때 이 집회가 아무런 문제가 없으므로 그 요청을 기각했다고 했다. 우린 혹시나 있을지 모를 대사관 측의 방해에 대비해 배치된 프랑스 경찰들의 보호 속에, 집회를 마칠 수 있었다.

연설을 해주었다.

규모는 소박했지만, 안팎으로 시선을 많이 끌었던 집회였다. 박근혜를 수행한 김진태 의원은 트위터에다 파리에서 있었던 집회가 통합진보당 당원들끼리 진행한 산발적인 집회라 떠벌였고, 집회 참석자들을 모두 채증했으며 잘못의 대가를 치르게 해주겠다고 협박했다. '박근혜는 대한민국의 합법적인 대통령이 아니다'라는 현수막을 보고 피가 거꾸로 솟았다고도 했다. 우리는 부정선거로 대통령에 당선된 사람이 부끄러움도 모르고 나라 밖으로 나돌아 다니는 꼴에 피가 거꾸로 솟았다. 그래서 우리의 분노를 집회로 표한 것이었다. 페이스북을 통해 만난 열 명의 한국인이 즉흥적으로 모여 열흘 만에 후다닥 준비한 이 집회에 통합진보당 소속은 한 명도 없었다. 김진태는 무슨 근거로 통진당에서 집회를 주도했다고 말한 건지, 집회를 주도한 사람 중에 통진당원이 누가 있는지, 그 이름을 한 사람이라도 밝혀야 마땅할 것이다. 소위 책임 있는 공직자가 트위터를 통해 전혀 근거 없는 이야기를 퍼뜨린 것 자체가, 조작된 댓글로 당선에 이른 대통령의 수행원으로서 매우 어울리는 짓이긴 하지만.

《조선일보》에서도 김진태의 헛소리가 마치 사실인 양 기사로 실렸고, 일베(일간베스트 저장소)에서는 심지어 내 아버지와 할아버지, 8살짜리 딸의 사진까지 등장하여 '주동자' 집안의 3대를 조롱하는 웃픈 소란이 벌어졌다. 부정선거에서 손발을 맞춘 그들이 제 발이 저려 총출동한 느낌이다.

파리의 한인들이 벌인 집회는 전 세계의 깨어있는 교민들을 자극하는 신호탄이 되었고, "박근혜는 합법적인 대한민국의 대통령이 아닙니다"라는 구호는 캐나다, 미국, 유럽 등지에서 이후에 열린 부정당선과 박근혜 방문을 규탄하는 집회의 공식 슬로건이 되었다. 이것이 도화선이 되어, 박근혜 당선 1주년이 되던 12월 19일을 즈음해서는 전 세계 10여 개 도시에서 "부정당선 1년, 박근혜 사퇴촉구 전 해외동포 동시 촛불시위"가 열리기도 했다. 이때 만들어진 재외교포 네트워크는 세월호 참사, 한국사 교과서 국정화, 여소야대의 결과를 끌어낸 20대 총선 등으로 바통을 이어가며 실추된 한국 민주주의를 회복시키기 위한 재외교포들의 역량을 결집하는 중심점이 되었다.

독재가 유린한
또 하나의 삶

＼

2016년 2월의 휴가 마지막 날, 보르도^{Bordeaux} 근처에 있는 페리귀에 갔다. 그곳의 요양원에 계시는 이희세 선생님을 만나 뵙기 위해서다.

이희세 선생님은 이응로 화백의 조카로 1967년 작은아버지의 부름을 받아 파리에 오셨다. 당시 선생은 홍익대학교 미술대학에서 강의하던 촉망받는 화가셨다. 파리에 도착하자마자 개인전이 열렸고, 그의 개인전은 이례적인 언론의 조명을 받았다. 그러나 청년작가 이희세의 미래에 드리워진 무지개는 갑자기들이닥친 먹구름으로 사라져버렸다. 동백림東白林 사건이 터진 것이다. '동백림'이란 동베를린을 뜻하는 말로 중앙정보부가 조작해낸 대규모 간첩단 사건이다. 중앙정보부는 당시 박정희 정권의 부정선거를 무마하기 위해 베를린과 파리 지역에 있는 예술인과 대학교수, 공무원 등 194명이 북한에 포섭되어 간첩으로 활동했다는 골자의 사건을 꾸며냈다. 대법원 최종심에서 간첩죄가 인정된 이는 하나도 없었으나, 이 조작극은 많은 사람들의 인생을 산산조각냈다.

이희세 선생이 한국에 두고 온 두 자녀와 아내는 그가 파리에서 자리를 잡은 후 합류하기로 되어 있었으나, 사건이 터지는 바람에 생이별을 해야 했다. 그의 어린 아들만이 파리로 와 아버지 곁에서 평생을 함께할 수 있었다. 그날 이후 그는 본의 아니게 프랑스로 망명해야 했고, 반공 이데올로기에 세뇌된 평범한 시민이었던 그는, 이후 박정희 독재 정권과 싸우는 일에 나머지 인생의 대부분을 바쳤다.

선생의 집은 라스코 동굴벽화 인근에 자리 잡고 있다. 라스코 동굴 벽화가 처음 발견된 후 관람객에 의해 심각하게 손상되기 시작하자, 프랑스 당국은 그 옆에 라스코 동굴벽화를 섬세하게 재현한 제2의 라스코 동굴을 만들었다. 선생은 7년에 걸친 벽화 작업에 참여한 6인의 화가 중 한 사람이었다. 작업이 끝난 후 받은 사례비로 근처에 집을 마련했고, 은퇴 후 거기서 살았다. 그런 선생이 지금 병상에 누워 계신다.* 83세. 숲 속에 자리 잡은 요양원에서 선생은 세상과 단절된 채 인생의 마지막 순간을 보내고 계신다. 국회 안에서 벌어지고 있는 필리버스터 투쟁의 놀라운 장면들에 대해 말씀드리고, 특히 전태일의 동생 전순옥 의원의 발언을 전해드렸더니 감격하셨다. 영국에서 유학하던 전순옥 씨와 잘 아는 사이라면서.

3년 전 부정선거로 당선된 박근혜를 규탄하는 파리 집회를 인터넷으로 보신 선생이 내 연락처를 수소문하여 먼저 메일을

---

* 병상에 계시던 이희세 선생님은 2016년 3월 말에 숨을 거두셨다. 선생의 장례가 있던 다음 날, 우리 집 정원에선 선생께서 주신 나무가 연분홍 꽃을 피웠다.

보내오셨다. 박근혜가 권력을 잡는 걸 보면서 억장이 무너지던 차에, 거기에 저항하는 사람들이 파리에 있는 걸 보며 환호했고, 그 사람들을 응원하고 격려하고 싶었던 것이다. 방학 때 내려오길 청하셔서 2년 전 가족과 함께 찾아뵙기도 했다. 그때 뒷마당에서 손수 딴 밤과 무화과를 내게 건네면서, 시위에 모인 사람들에게 나눠주라 하시기도 했다.

선생은 말씀하셨다. 정의로운 길을 택하는 것. 그 자체가 인생의 승리라고. 그 길에 서 있어야만 기쁘고 당당하게 인생을 누릴 수 있다고. 그리고 단 한 사람이라도 그 길을 함께할 수 있는 동지를 찾으라고. 한 사람이면 족하다고.

12세기부터 지어지기 시작하여 르네상스 시대를 거쳐 완성된 란마리 성Château de Lanmary. 지
금은 지자체가 사들여 노인 요양시설로 사용하고 있다. 900만 제곱미터에 이르는 너른 숲에 둘러
싸인 성안에서 노인들은 삶의 마지막 순간을 누린다. 이희세 선생님은 창밖에 거대한 전나무가 서
있는 방에서 조용히 곡기를 끊으며 세상과의 인연을 놓으셨다.

4

유럽사회의 어둠과 빛

우리는 샤를리다:
파리를 가득 메운 150만 명의 행진

\

2015년 1월, 샤를리 에브도 기자들을 덮친 테러가 발생한 지 나흘째 되는 날. 150만 명이 공화국 광장에 모여 함께 걸었다.

올랑드를 비롯하여 결국 60명으로 늘어난 해외 정상들이 선두에서 걸었다는 사실 때문에 50만쯤 덜 오지 않았을까 싶다. 내 주변에도 그들 뒤에 서서 걷기 싫다는 이유로 집회에 참석하지 않은 사람들이 제법 있다. 이날 하루 파리 시내 전 구간 지하철이 무료였다. 갑자기 상상력이 벽을 뚫고 허공으로 치솟는다. 활짝 열려 있는 모든 지하철 개찰구를 보면서 자유에의 열망이 폭발하는 느낌이다.

네 시간 동안 걷는 내내 마주친 거리의 광고판은 모조리 '나는 샤를리다'로 변해 있었다. 거리의 슬로건은 이보다 더 진화해 있었다. '나는 경찰이다' '나는 유대인이다' '나는 무슬림이다' '나는 공화주의자다' '나는 프랑스인이다' '나는 불교도다' ……. 많은 사람이, 진화한 버전의 '나는 샤를리다' 구호를 들고 나왔다.

오늘도, 사람들이 가장 많이 외친 말은
'표현의 자유Liberté de l'Expression'
그리고 '민주주의를 위해 하나로Unité pour la Démocratie'

이 사회가 공유하는 가치 가운데, 그 무엇 하나 사람들이 피 흘리고 싸워서 얻어내지 않은 것이 없다. 사람들은 그래서 그 하나가 공격을 당했을 때, 거의 반사적으로 달려들어 그 가치를 수호하기 위해 맹렬한 목소리를 낸다. 도로에 나선다는 건, 저

Paris, 2015. ▶

항을 상징하는 행위다. 도로를 함께 걷는 집단적 경험으로 권위에 맞서는 서로의 힘을 강하게 느끼고, 분노의 정당성을 획득한다. 오늘 많은 사람을 거리로 끌어낸 것은 공포가 가져온 충격이었고, 그 공포가 삼켜버릴지도 모르는 이들의 가치를 지키기위해 사람들은 저항했다. 사람들이 저항한 대상은 그들의 종교, 이슬람을 위해 순교한 테러 집단이었다.

이날의 집회가 복잡한 함수관계를 드러내는 것은 바로 이 지점이었다. 정치인들은 군중 앞에 서며 이슬람을 정치적 마술봉으로 사용하겠다는 계산을 마쳤을 것이다. 국가와 국기는 바로 이런 점에서 순수하지 못하다. 그들은 그 앞에 선 모든 사람을 선동의 대상으로 만들어버린다. 사람들은 종종 〈마르세예즈 La Marseillaise〉를 부르기도 했다. 〈마르세예즈〉를 부르며 걸었던집회는 지난 10여 년간 참여한 집회 가운데 이번이 유일했다. 1789년 대혁명 당시 민중들이 불렀던 그 노래라는 점에서 〈마르세예즈〉는 언제나 뭉클한 국가國歌이긴 했지만, 세상에 권력과 애국심을 상징하지 않는 국가란 없다. 함께 걷던 시민들이불렀던 〈마르세예즈〉는 이 기념비적 집회가 갖는 복잡한 함수를 상징하는 것이었다.

'우린 광신도와 이슬람을 혼동하지 않는다.'
'우리를 분열시키는 모든 것, 이제 그만.'
'인종차별과 이슬람 혐오를 거부한다.'

상황을 극복하거나 치유하려는 슬로건들이 저마다 사람들 손에 들려 있다. 내 뒤에 서 있던 한 할머니가 손녀에게 말한다. "68혁명 때도 이랬거든. 오늘은 다 허용이 되지. 사람들이 자유롭잖아." 시민의 힘으로 뭐든 다 할 수 있을 거라는 용기가 스친다. 거대한 평화와 관용과 연대와 민주주의에 대한 열망을 담은 이불이 150만의 사람들을 포근하게 감싸는 듯했다. 두려움을 제거해내기 위한 집단적인 치유는 이렇게 시작되었다.

이후의 정국은 두려움과 증오를 무기로 시민들의 의식을 마비시킬지도 모른다. 엄청난 시험과 도전의 시간이 시민들 앞에 놓여 있다.

2015년 11월
파리 테러 다음 날

＼

2015년 11월 파리 연쇄 테러 다음 날 아침, JTBC의 요청으로 현장에 갔었다. 인근 지하철역 3개가 폐쇄되어 있었다. 하여 한 정거장 먼저 내려서 걸어가는데, 모든 상가가 문을 닫았다. 이 나라 사람들의 아침 식사를 책임지는 빵집만이 불을 환히 켜고 사람들을 맞고 있었다. 80여 명이 희생되었고, 테러리스트들이 자결 혹은 사살된 바타클랑Bataclan 콘서트장 100미터 앞에 바리케이드가 쳐 있었다. 거기서 수많은 취재진이 어제의 악몽을 회고하는 주민들과 인터뷰하고 있었다. 바닥 여기저기에는 아직 마르지 않은 핏자국이 흥건했다. 응급조치를 위해 사용한 도구들도 바닥에 나뒹굴고 있었다. 온 가족이 함께 와 꽃다발을 바리케이드에 매달아놓고 가는 이들이 눈에 띄었다.

콘서트장은 볼테르 가에 있었다. 2015년 1월 샤를리 에브도테러 직후 150만 명이 평화를 염원하며 함께 걸었던 길이었다. "우리는 샤를리다" "우리는 무슬림이다" "우리는 유대인이다" "우리는 경찰이다" 이렇게 외치면서. 그 외침, 그 발걸음은 그러나 아무것도 바꾸지 못했다는 걸 확인했다.

샤를리 에브도 테러 때, 테러의 공포에 정면으로 맞서기 위해 걷던 그 길 곳곳에는 볼테르가 말했다고 알려진 문장이 붙어 있었다. "나는 당신의 말에 동의하지 않습니다. 그러나 당신이 그 말을 할 권리를 위해 목숨 바쳐 싸울 것입니다."

파리 10구 비샤 가Rue Bichat에서 총격은 시작되었다. 학생 시절 오래 살았던 빈민가 벨빌Belleville의 바로 아랫동네. 다양한 이민자들이 어울려 사는 지역이다. 지금 사는 집으로 이사 오기 전, 그 길에 있는 집을 살 뻔했다. 두 번이나 방문한 끝에 결국 사지 않기로 결정했었다. 그때 집 구경이 끝난 후, 총격의 대상이 된 캄보디아 국숫집 '프티 캉보주Petit Cambodge'에서 국수를 먹었더랬다. 3년 동안 집을 보러 다녔던 그 시절의 경험 덕에 파리 시내 집값은 훤히 꿰뚫고 있었기에, 그 동네가 파리에서 집값이 상대적으로 저렴한 동네라는 사실을 안다. 테러리스트의 무차별 공격이 서민 동네의 코딱지만 한 캄보디아 국숫집을 향하다니, 이 무슨 아이러니인지 모르겠다. 왜 이런 평범한 동네, 자신들과 같은 처지에 있는 사람들을 향해 총부리를 겨누었는지. 그리고 가슴에 둘러맨 폭탄으로 자결했는지. 아무리 생각해도 어리석고 가련한 청춘들이다.

곳곳에서 기자들이 거리에 나온 시민과의 인터뷰를 시도했다. 인터뷰에 응한 사람 중엔 무슬림들도 많았다. "이번 사건이 이민자에 대한 가혹한 상황을 만들어내지 않길 바란다. 그러나 어쩔 수 없이 프랑스 무슬림들의 입지는 더욱 불편해질 것이다." "빈부 격차가 극심해지고, 그 속에서 점점 더 궁지에 내몰리는 이민자 청년들의 극단적 선택이다. 그들이 건실한 미래를 설계할 수 있었다면, 결코 IS라는 극단적 마약에 빠지지 않았을 거다." 인터뷰를 듣고 있던 많은 사람이 함께 고개를 끄덕였다.

4년에 걸친 시리아 내전에는 주변국, 강대국들의 이해가 얽히고설키며 군사적 개입이 있었다. 그 와중에 천만의 난민이 생겨났고 25만 명이 목숨을 잃었다. 난민의 쇄도는 멈출 수 없는 흐름이 되었고, 난민이 증가할수록 더 이상 수용할 수 없는 서구의 죄책감과 두려움은 커진다. 유럽연합의 신자유주의 독트린doctrine의 비타협적인 독주로, 유럽은 금융자본주의자들의 놀이터로 타락해가고, 빈곤층은 기하급수적으로 늘어난다. 이렇게 가다가는 희망 없는 빈곤층으로 내몰린 이민자 중 누군가는 이슬람 근본주의에 경도되어 세상을 저주하는 길에 성급히 몸을 던질지 모른다. 올랑드는 곧바로 단호한 군사적 보복을 천명하였으나 그것이 궁극적인 해결책이 아니라는 것을 모두가 알고 있다. 테러 발생 이후, 진퇴양난에 빠진 유럽을 향해 철학자 슬라보예 지젝Slavoj Žižek은 "이슬람 공포증에 죄책감을 느끼는 서구 진보 좌파들의 병적인 두려움을 이제 제발 끝내라"고 주문하기도 했다. 동시에 그는 단 한명의 난민도 허락하지 않는 사우디아라비아나 카타르, 아랍에미리트 같은 중동의 부국들을 향한 압박과 비난에 좀 더 과감한 목소리를 내야 한다고도 주장했다.

세상의 모든 문명에는 어둠과 빛이 공존한다. 그리고 그 어둠과 빛을 조율해내는 방식이 그 문명이 축적해온 문화적 역량일 터이다. "도망간 노예를 잡아들이는"* 이 시절. 자본과 국가의 무모한 불장난으로 집을 잃고, 더는 잃을 것 없이 탈진하고 분노한 피난민들이 대거 몰려드는 이 황망한 사태. 앞으로 어느 집 지붕 위로 불이 옮겨붙을지 아무도 모르는 상황에서, 유럽인들은 수렁에 빠진 바퀴들을 하나둘 끌어올려야 한다. 너무 낙심하거나 지치지 않고, 그 어떤 광기에도 현혹되지 않은 채.

---

* "도망간 노예를 잡아들이는 시간". 인문사회비평지 《말과 활》 11호(2016년 9월) 머리말에서 새로 편집주간을 맡게 된 장정일 작가가 한 말이다.

우리를 위해
기도해주실 필요는 없습니다

＼

"고맙지만, 우리를 위해 기도해야 한다고 느끼실 필요는 없습니다."

2015년 테러 발생 나흘 후, 《리베라시옹》 기자 뤽 르 바이앙Luc le Vaillant이 쓴, 당시 최다 조회를 기록했던 글이다. 감히 하기 힘들었을, 그러나 많은 파리지앵이 하고 싶었던 말.

11월 13일 파리에서 테러가 발생했고, 130명이 희생되었다. 같은 날 베이루트에서도 테러가 있었고, 다음 날 한국에선 민중총궐기가 있었다. 거기서 경찰의 물대포를 맞은 백남기 농민이

바타클랑 콘서트장 근처에 마련된 추모소에서 기도하고 애도하는 사람들. Paris, 2015.

혼수상태에 빠졌고, 527명의 시위참가자가 체포되었다.

그런데 전 세계의 많은 사람은 유독 파리의 테러를 아파했고, 파리를 위해 기도했다. 페이스북이 'Pray for Paris'를 외치는 전 세계 유적지들의 사진으로 뒤덮였다. 파리라는 도시가 세계인들에게 갖는 그 각별한 의미와 애정을 드러낸 에피소드였다. "당신을 위해 기도하겠다"라는 말은 당신과 나 사이에 신이 존재한다는 사실을 상호 간에 믿어 의심치 않을 때만 축복의 의미를 갖는다. 신의 존재를 수긍하지 않는 사람에게 그 말은 허무맹랑하고 강압적으로 들린다. 많은 파리지앵은 무신론자이며, 신앙을 지니고 있더라도 굳이 대외적으로 드러내지 않는 것이 현명하다고 생각한다. 그러한 사회적 약속과 판단이 통용되는 곳이 바로 이 혁명의 도시 파리다. 유일신을 섬기는 종교들의 피를 보고야 마는 배타적 속성을 수 세기 동안 겪어왔기 때문이다. 더구나 이 테러가 대체 어떤 연유로 일어났는지를 잠시만이라도 생각한다면, 당신들을 파괴한 그들을 벌해달라고 나의 신에게 기도하겠다는 말이 과연 축복으로만 들릴지 가늠할 수 있을 것이다.

테러 직후 파리에서 갑자기 베스트셀러가 되었던 책이 있다. 가난한 문학청년 헤밍웨이가 소설 하나 써보려고 애쓰며 돌아다니던 파리 시절의 기록, 『파리는 날마다 축제*A Moreable Feast*』다. 사람들은 기도하는 대신 테라스에 앞다퉈 앉으며 여전히 포도주를 마셨고, 가난한 문청文靑 시절 헤밍웨이가 파리에서 누렸던 축제의 날들을 되찾고자 그의 책을 사 갔다. 기도 대신 파리라는 축제를 계속 즐기는 것. 그것이 파리를 사랑하는 가장 멋진 방법이다.

세계 곳곳에서 많은 사람이 테러에 희생당한 파리사람들을 위해 'Pray for Paris'라는 배너를 내걸었습니다. 그런데 프랑스는 국교를 가지지 않은 세속국가이며, 모든 국민이 자신이 원하는 신앙을 가질, 혹은 가지지 않을 자유를 가지며, 특히 공공장소에서 자신의 신앙을 드러내는 것을 금합니다. 그것은 프랑스 공화국이 가진 중요한 가치 중 하나인 '정교분리의 원칙laïcité'이지요. 미국에서와 달리 프랑스 대통령은 취임할 때 성경에 손을 올리고 맹세하지 않습니다. 우리를 위해 정말로 뭔가를 기원하고 싶다면, 차라리

'peace for Paris'라든가 혹은 헤밍웨이가 말한 것처럼 '파리는 언제나 축제'라고 기원해주세요. 시네아스트 조안 스파르Joann Sfar가 말한 것처럼 "우리에게 더 이상의 종교는 필요 없습니다. 우리는 음악을 믿고, 포옹을 믿으며, 삶을 믿고, 샴페인과 기쁨을 믿습니다". 그러니 자, 우리를 위해 기도를 하기보다 근본주의자들을 향해 잔을 듭시다. 어둠을 지향하는 자들을 향해 우린 축제의 폭죽을 터뜨립시다.*

* 《리베라시옹》에 실렸던 칼럼 원문.
http://www.liberation.fr/france/2015/11/17/c-est-gentil-mais-ne-vous-sentez-pas-oblige-de-prier-pour-paris_1414051

테러는
불평등을 먹으며 자라고 있다

\

2015년 11월, 프랑스의 지식인들(역사학자, 사회학자, 철학자, 시인 등)이 프랑스 정부의 IS 공격 중단을 촉구하는 연대 성명을 발표하고, 이를 확산하기 위한 서명운동을 시작했다. 감히 말하자면, 테러 직후 거리에서 만난 모든 사람은 바로 이 서명지에 담긴 내용과 같은 마음을 지니고 있었다. 이 나라의 모든 현명한 자들은 이 테러가 어디서 왔는지를 정확히 알고 있다. 정부 스스로 조장한 사회적 불평등과 그리하여 거리 곳곳에 번져가는 비참함이 바로 테러의 직접적인 배후다.

2015년 1월 11일, 공화국 광장에서 나시옹 광장까지 함께 걸었던 150만 명의 파리 시민들.

IS의 칼리파^{khalifah}라 불리는 자가 테러리스트가 된 계기는 2003년 미국이 벌인 이라크전의 부당함에 맞서 싸우면서였다고 한다. 있지도 않은 대량살상무기를 거론하며 벌였던 부시의 어리석은 전쟁. 자신들이 동아시아에서 저지른 수많은 잘못들은 조금도 바로잡지 않고 오히려 더 큰 전쟁을 불러일으킨 결과, IS라는 괴물은 탄생하게 된 것이다. 미국이 테러와의 전쟁을 벌이는 동안 세상에는 더 많은 테러 희생자가 생겨났다.

올랑드는 부시와 같은 과오를 범하려 한다. 테러범들은 모두 프랑스인들이다. 여기서 나고 자란 그들이 IS에 경도되어 프랑스인들의 가슴에 총을 겨누게 되었다면, IS의 잘못을 탓하기 이전에 프랑스의 이슬람계 청년들이 이 사회에서 소외와 분노를 겪을 수밖에 없게 된 사회의 잘못부터 돌아보아야 한다. 어둠이 빛을 이길 수 없고, 오직 더 강한 빛과 온기만이 어둠을 물리칠 수 있다는 진리를 광장에 모인 프랑스인들은 알고 있었다.

이것은 누굴 위한 전쟁인가?*

프랑스는 계속 전쟁 중이었다. 아프가니스탄에서, 말리에서, 리비아에서. 그리고 지금은 이라크와 시리아에 있는 IS를 향해. 프랑스는 IS를 절멸시키겠다고 한다. 공습으로? 그것은 단지 테러리스트의 수를 늘릴 뿐이다. 프랑스 공군이 떨어뜨리는 미사일은 바타클랑 공연장에서 희생된 이들과 같은 또 다른 죄 없는 시민들을 죽이고 있다. 이라크에서와 같이, 시리아 시민들도 결국 연합군에 대항하기 위해 오히려 IS와 연대하게 될 수도 있다. 물론 IS는 우리가 격퇴해야 할 적이다. 그들은 파괴하고, 강간하며 참수한다. 그러나 동시에 프랑스는 IS의 가장 막강한 후원자인 사우디아라비아에 무기를 판다.

우리가 여기서, 세계 제2의 무기 판매국인 이 나라 프랑스에서 테러와 싸우는 가장 구체적인 방법은 단기적인 이득을 위해 곳곳에

---

* 성명서 전문.

서 더 많은 불의를 만들어내는 지금의 시스템을 거부하는 것뿐이다. 부시가 만들어낸 이 폭력적 세계는 빈 라덴이나 IS의 머릿속에서 싹튼 것이 아니다. 그것은 매년 점점 커지고 있는 불평등과 비참을 딛고 자라나고 있다. 올랑드의 전쟁도 똑같은 결과만을 낳을 것이다.

프랑스의 공습에 반대하기 위한 우리의 목소리를 모으는 것이 시급하다. 프랑스가 지금 저지르고 있는 이 전쟁은 아무것도 해결하지 못하고 자유를 침해하고 위협하는 태도만 확산시키고 있다. 폭력의 근원을 건드리기 전에는 그 폭력을 물러서게 만들 수 없다. 마법의 지름길은 없다. 폭탄은 결코 그 지름길이 될 수 없다.

에어프랑스의
찢어진 와이셔츠

＼

2015년 가을, 에어프랑스가 기업위원회에서 2,900명의 감원계획을 발표했다. 전 세계의 덩치 큰 기업들의 경영진이 아는 경영난의 돌파구는 언제나 같다. 회의에 참석했던 노조원들이 이 일방적인 발표에 분노했고, 그 분노는 계획을 발표한 임원에 대한 물리적 위협으로 이어졌다. 두 임원은 옷이 갈가리 찢긴 채 회의장을 도망쳐 나갔고 그 장면이 고스란히 카메라에 잡혀 전 세계로 퍼져 나갔다. 대통령 프랑수아 올랑드와 총리 발스Manuel Valls는 '위험'한 노동자들의 행동을 꾸짖었고, 언론과 기업은 '프랑스의 대외적 이미지 훼손' 운운하며 노동자들을 격렬한 어조로 비난했다. 그러나 이에 대한 시민들의 반응은 환영과 환호 일색이었다. "저 불한당들을 가만 두지 마라" "브라보!" 그들은 노동자들에게 박수를 보냈다. 그리고 찢긴 와이셔츠는 에어프랑스 노조의 상징이 되었다.

프랑스가 인류에게 기여한 가장 큰 한 가지가 있다면, 그것은 두말할 것도 없이 '혁명'이다. 자유와 평등과 박애가 넘치는 세상을 만들기 위해, 필요하다면 감옥을 부수고 왕의 목을 칠 수 있다는 사실을 그들은 보여주었고, 그것이 신호탄이 되어 세상은 드디어 왕을 없애기 시작했다. 에어프랑스 노동자들의 행동은 프랑스의 대외적 이미지를 훼손하는 것이 아니라, 다시 한 번 혁명의 화산이 분출했던 순간을 환기하고 혁명으로 대표되는 프랑스의 대외 이미지를 고양하는 것이었다. 물론 그 장면이 지배계층의 간담을 서늘하게 했으리란 것은 충분히 짐작할 수 있다. 그 지배계급의 대변자인 미디어는 그 장면을 이용해 역풍을 만들어보려 무진 애를 썼다.

에어프랑스의 장거리 비행 부문 부책임자 피에르 플리소니에르와 인사부문 책임자 자비에르 브로세타가 노조원들에 의해 와이셔츠가 찢긴 채 현장을 빠져나가고 있다.

'좌파전선Front de Gauche'의 공동 대표 장뤼크 멜랑숑Jean-Luc Mélenchon을 불러 인터뷰를 청한 한 방송사에서 앵커는 이렇게 나무라듯 질문한다. "대화하기 위한 자리에서 이런 폭력이 발생하다니. 여기저기서 이렇게 폭력이 난무한다면 사회적으로 심각한 문제 아니냐"고.

멜랑숑은 이렇게 답했다.

"아니, 그렇지 않다. 전혀 문제가 아니다. 만약 저런 일이 여기저기서 일어난다면, 차라리 다행스러운 일이다. 그렇다면 온종일 이민자가 어떻다저떻다 하면서 세월을 보내던 당신들(언론인)이 현재 우리 사회의 가장 심각한 사회 문제인 실업에 관해 이야기해야 할 것 아니냐. 찢긴 와이셔츠, 당신 눈엔 그게 폭력적으로 보이는가? 그들이 작당하고 있는 2,900명에 대한 해고는 어떤 식으로도 정당화된 적이 없다. 이런 살인적인 해고로 인해 얼마나 많은 사람이 자살했고, 얼마나 많은 가정이 깨졌는가? 옷 찢은 게 그렇게 심각한 폭력이라면, 수천 명의 생존권을 박탈한 폭력은 무어라고 부를 것인가? 고용주들은 그들의 목소리를 내기 위해 소리를 지를 필요가 없다. 가만히 앉아서 우아하게 다른 사람들의 힘을 빌려서 노동자들의 털과 가죽을 벗긴다. 노동자들은 그럼 가만히 당하고 있어야 하나. 당신들에겐 그들이 우리와 다른 동물처럼 보이는가? 노동자들은 소리라도 질러야 세상이 그들의 목소리를 들어준다. 난 에어프랑스 노동자들에게 감사한다."

이런 발언을 일컬어 한반도 남쪽에선 '사이다'라고 부른다지.

어떤 우파 정권도
하지 못한 일

\

여기 또 하나의 정신 나간 여자가 있다. 미리암 엘 코므리^{Myriam}
El Khomri, 현 프랑스 노동부 장관이다. 법학대학을 졸업하고 사
회당 입당, 여기저기 얼굴 좀 들이밀다 파리 시의원으로 활동.
노동과 아무 상관 없는 이력을 가지고 갑자기 노동부 장관이 된
38세의 이 인물이, 장관된 지 몇 달 만에 프랑스 역사상 그 어떤
정권도 감히 하지 못했던 폭탄급 '노동법 개악'을 준비 중이다.
주 35시간 근무의 원칙을 날려버리는 것을 필두로 쉬운 해고를
위해 갖가지 방법을 짜낸 듯한, 책 한 권 분량의 대대적인 노동
법 개악은 기업이 원하는 모든 것을 담고 있다.

프랑스 정부는 꼭 이런 추잡한 일을 할 때 이민자 출신을 들이민다. 집시들 쫓아내는 데 앞장선 발스 총리는 스페인 이민자, 좌우 통틀어 아무도 시도한 적 없는 최악의 노동법 개악은 모로코 이민자의 이름을 달고 있다. 마름들이 지주보다 훨씬 더 악랄하게 사람을 다스릴 수 있다는 사실을 이용하는, 전략적인 장관 기용인 셈이다.

이번 노동법 개정안을 한마디로 정리하면 "해고는 쉽게 노동 시간은 길게"이다. 물론 기업인 입장에서다. 노동자 관점에서 말하면 "많이 일하고 적게 번다"가 된다. 그럴듯한 포장으로 사탕발림하는 성의조차 없이, 적게 벌고 많이 일하라는 이 법안을 노동자들은 당연히 거부할 수밖에 없다.

프랑스인들의 70퍼센트가 이 법안을 반대하며, 이 법안의 발의가 사회당 정부에 대한 대대적 저항의 도화선이 될 것으로 예측한다. 2017년 5월 대선이 얼마 남지 않은 상황에서 이토록 저항이 큰 법안을 강행한다는 것은 재선을 꿈꾸는 올랑드에게도 자살행위처럼 보인다. 그러나 아이러니하게도, 현 정부가 노동법 개악을 강행하는 것은 바로 재선을 노리기 때문이다. 올랑드는 10퍼센트를 넘나드는 실업률을 한 자릿수로 끌어내리지 않는 한 재선에 도전하지 않겠다고 공언한 바 있다. 즉, 올랑드로서는 바로 이 법안에 자신의 정치생명을 건 것이다. 독일의 사례를 보자면, 쉬운 해고가 고용을 늘릴 수 있다는 말이 전혀 틀린 말은 아니다. 그것이 '어떤' 고용인지를 따지지 않는다면 말이다. 독일에서는 노동유연화를 극대화한 법 개정 후, 저질 일자리가 급속히 늘어났으나 실업률은 떨어졌다. 당연히 빈부 격차는 확산됐고, 노동을 해도 생계를 꾸려나갈 수 없는 빈곤층이 증가했다.

노동계가 제시하는 실업 극복의 해법은 전혀 다르다. 일단 정부의 긴축정책을 모든 재앙의 시작으로 진단한다. 금융위기가 초래한 손실은, 공공예산의 긴축이 아니라 부자증세로 매워야 하며, 정부는 공공부문의 고용부터 늘려야 한다. 사르코지 재임 시절부터 지금까지 의료·교육·교통 등 공공부문에서만 수만 명의 고용이 축소되었다. 올랑드는 대선 후보 시절, 부자증세를 대표공약으로 내세웠으나, 결국 그의 공약은 실현되지 않았다. 사회당 정부는 일관되게 부자와 기업을 위한 정치로 정국을 이끌어왔다.

2016년 6월 22일, 올랑드 정부는 상하원 의회의 논의조차 무시하고, 헌법이 정한 비상시국에만 사용할 수 있는 대통령 직권으로 법안을 강행 통과시켰다. 법안은 통과되었지만, 시민들은 저항을 멈추지 않았다. 2016년 9월, 프랑스 노동자들은 여전히 물러설 수 없는 승부를 위해 집회와 파업을 강행하고 있다.

유라시아 대륙의 동쪽과 서쪽 끝에서 동시에 악랄하고 파렴치한 노동자 탄압의 시간이 흐르고 있다. 프랑스 언론들은 작금의 시기를 "계급 투쟁의 귀환"이라고 명명한다. 도적 떼의 탈을 감추지도 않고, 노골적으로 손을 맞잡은 정계와 재계의 도둑들이 민중의 고혈을 쥐어짜는 이 시간. 깊숙이 박힌 삽은 더 많은 흙더미를 세상에 토해내며 튀어 오를 것이다. 그 시간이 머지않았다.

사랑을 하자,
연장근무가 아니라

\

2016년 3월 9일. 비는 내렸지만, 이날 하루만 50만 명(경찰 추산은 20만 명)이 거리에 나서서 정부의 노동법 개악 철회를 요구하는 집회를 가졌다. 첫날부터 노학勞學연대의 전선은 확고했다. 전국의 노조와 100여 개의 고등학교·대학교가 함께 이렇게 외쳤다. "사랑을 하자. 연장 근무가 아니라"

결국 좌와 우의 싸움은 생la vie과 자본capital의 싸움이다. 우리의 삶과 그들의 이익 싸움이며, 이는 삶과 죽음의 싸움이기도 하다. 이 소녀들의 붉은 입술처럼 생을 더 자유롭게 누리고자 하는 이들의 열망이 찬비가 내리는 땅 위에 뜨겁게 끓어올랐다.

2016년 3월 9일, 정부의 노동법 개악에 맞서 노동자들과 함께 거리에 나선 고교생들.

나는 더 이상
좌파활동가가 아닙니다

\

사회당 내각이 경악할 노동법 개정안을 발표하던 2016년 2월 19일. 프랑스 국영 라디오^{France Inter} 프로그램 진행자는 올랑드 대통령에게 이렇게 물었다.

"당신은 여전히 좌파입니까?"

올랑드는 답했다. "나는 프랑스 공화국의 대통령입니다. 나는 모든 프랑스인을 대변합니다."

그러자 진행자는 다시 같은 질문을 했다. "당신은 좌파입니까?"

올랑드는 두 번째에는 이렇게 답했다. "나의 모든 삶의 이력,

프랑스 대선 올랑드 당선일. Palace de la Bastille, 2012.

나의 선택, 나의 약속은 항상 평등과 인간의 존엄과 발전을 존중하는 것이었습니다."

기자는 세 번째로 같은 질문을 했다. "당신은 좌파입니까?"

그제야 올랑드는 답했다. "나는 과거에 가졌던 정치적 견해를 여전히 가지고 있습니다. 그러나 더 이상 좌파활동가는 아닙니다."

집요한 3연타의 가격으로, 사회당 대통령의 민낯을 드러나게 한 언론인의 용기에 경의를. 그리고 사회당은 이제 제발 간판을 내려라.

'창조경제'라는 이름의
글로벌 코미디

2016년 6월, 사흘간 이어졌던 박근혜의 프랑스 방문에 대한 현지 언론의 반응은 싸늘했다. 한류스타들 틈에 둘러싸여 재롱을 피우는 듯했던 그녀의 일거수일투족을 대단한 뉴스나 되는 양보도한 국내 언론들과 달리,《르 몽드》와 지방지《웨스트프랑스 Ouest-France》는 거의 비슷한 톤으로 박근혜가 기를 쓰고 외유를 하는 속내를 들췄다. "국내 정치의 실패를 외교적 성과에서 만회해보려는 행보"라고. 그러나 그들은 한 가지 놓쳤다. 그 헛수작에 함께 놀아난 프랑스 정부에 대한 지적을 잊은 것이다.

더욱이 파리 6대학이 박근혜의 창조경제에 대한 성과를 높이 사, 명예박사 학위를 수여한 부끄러운 코미디에 대해서는 일언반구도 언급하지 않았다. 이 학교에서 외국의 국가원수에게 이런 짓을 한 것은 최초의 일이라고 한다.

　　남의 나라 지도자를 비난하는 건 아주 쉽다. 더구나 그 지도자가 마땅히 비난받을 짓만 하는 경우, 그를 비판하는 것은 언론인의 선택이 아닌 즐거운 의무가 된다. 그러나 그의 행보가 자국 정부와 연루되어 있을 때, 언론의 진실성은 시험대에 서게 된다. 프랑스 언론은 한국 경제가 박근혜 집권 이후 심각한 수준으로 나빠지고 있다는 사실을 모르지 않는다. 그러면서도 박근혜에게 정말 터무니없는 명분의 학위 수여를 하겠다고 공모한 프랑스 정부와 국립대학에 대해 완벽한 침묵을 지켰다.

　　이건희가 고려대학교에 건물 하나 지어주고 학교로부터 무려 '명예철학박사' 학위를 받아간 일과 비슷한 일인데, 그나마 고려대에서는 여기에 항의하는 학생들이 있었다. 그 학생들을 잘못 가르쳤다고 이건희 앞에 무릎 꿇은 머저리 교수들도 있었지만. 이 시점에서 가장 우려스러운 것은 이건희가 고려대에 뭘 주었는지는 세상이 알지만, 박근혜가 무얼 주고 저걸 받아왔는 지에 대해서는 아무도 알지 못한다는 사실이다.

'브렉시트'에 관해
알아야 할 두세 가지 것들

＼

2016년 브렉시트^{Brexit}가 결정된 다음 날, 프랑스 공산당 기관지 《위마니테$^{L'Humanité}$》는 "금융자본주의 독재에 저항하는 민중의 승리"라고, 투표 결과를 평했다.

보수당과 노동당, 여당과 제1야당이 모두 유럽연합 잔류를 내세운 상황에서 예상을 뛰어넘는 결과였던 것은 분명하다. 그러나 이 투표 결과보다 나를 더 놀라게 했던 것은 브렉시트에 대한 한국 언론의 일방적인 보도였다. 좌우를 막론한 한국 언론들은 투표 결과가 대단히 이기적이고 우려스런 선택이며, 우리에게도 악영향을 끼칠 수밖에 없는 심각한 결과인 것처럼 흥분하여 보도한다. 그리고 극우 세력이 유럽을 견인해갈 중심세력으로 떠오른 신호탄인 것처럼 이번 투표 결과를 분석했다.

영국과 지리적으로 가장 가까운 이웃 나라 프랑스에서 브렉시트라는 소식을 받아들이는 방식은 사뭇 달랐다. 대체로 심드렁했고 뜻밖이란 반응을 보이기는 했지만, 그 결과에 대해 실망하거나 충격을 받는 건 아니었다.

첫 번째 이유는 영국은 언제든 떠날 준비가 되어 있던, 유럽연합이라는 욕조에 발을 절반만 담그고 있던 나라였기 때문이다. 통화도 계속 파운드화를 고수했고, 셍겐국가(가입국 간 국경 개방을 한 나라)도 아니었다. 프랑스 사람들이 영국에 가려면 여권이 필요했고, 환전이 필요했다. 그러니 영국을 유럽연합의 일원으로 가깝게 느끼기 힘들었다.

두 번째는, 프랑스인들도 유럽이 통합된 이후의 삶을 고스란히 겪어왔기 때문이다. 유럽연합에서 신자유주의 독재가 실행되는 동안 나락으로 떨어진 많은 사람들. 소위 '극좌 진영' 혹은 범주화되지 않은 서민들의 목소리는 주류 언론에서 배제되어

왔다. 주류 언론은 언제나 지배계급과 한패였으니까. 그러니 브렉시트에 찬성한 사람이 노인들과 극우 민족주의 세력만이 아니라는 사실을 프랑스인들은 알고 있었다.

프랑스 좌파그룹과 노동조합들은 영국의 '렉시트Lexit'를 공개적으로 지지해왔다. 그 어떤 언론도 렉시트의 존재에 대해 언급하지 않았다. 렉시트는 공산주의자, 사회주의자, 노조 등이 만든 'Left Exit'의 약자이다. 그들은 이번 국민투표에 렉시트 연대를 만들어 유럽연합 탈퇴를 위해 싸웠다. 그들이 옳건 그르건, 결과적으로 탈퇴를 주도한 사람들이 돈 많은 노인들이건 아니건, 극좌 진영의 반대논리가 존재한다는 사실을 국내 언론이 거의 보도하지 않은 것은 놀랍기만 하다.

'국경을 지운 하나의 유럽'은 멋진 생각임이 분명하다. 그러나 지금의 유럽은 철저히 지배계급의 이익에 봉사하는 무자비한 대륙이다. 지금처럼 부자들이 탈세를 거리낌 없이 하고, 계급 간의 격차가 심했던 시절은 일찍이 없었다. 앞으로 유럽이 계속 이런 식으로 나갈 수밖에 없다면, 유럽 탈퇴 이후 더 큰 위협이 있다 할지라도 대다수의 사람이 미련을 가지지 않을 것 같다. 국경을 없애 하나의 유럽을 만들고, 평화와 협력·화합을 도모하겠다는 유럽연합의 이상은, 실제로는 만인의 만인을 위한 무한 경쟁의 유럽으로 변질되어 갔다. 공공부문 축소, 대량 해고, 긴축재정, 기업을 위한 규제 철폐, 금융 자본가의 천국……. 이것이 지난 10여 년 동안 유럽연합이 견인해온 유럽의 모습이다.

유럽 헌법에 대한 국민투표가 있던 2005년, 프랑스 국민들은 그 사실을 또렷이 알게 되었다. 모두가 공감하는 인본주의적 생각들을 담고 있어야 할 유럽 헌법은 신자유주의 독트린을 실천하기 위해 정교하게 설계된 무시무시한 무기였다. 그 두툼한 헌법의 법안을 분석하여 각각이 의미하는 바를 폭로한 한 법학 교수의 노력으로 2005년 프랑스 국민투표는 유럽 헌법을 부결시켰다. 정부와 미디어가 찬성을 위한 총력전을 벌였고 실질적으로 대결의 전선 자체가 보이지 않는 99대 1의 싸움이었으나, 소리 없이 작동했던 집단 지성은 유럽 헌법의 부결을 이끌어냈다.

프랑스뿐 아니라 아일랜드, 네덜란드 등의 나라에서도 같은 선택을 했다. 그러나 달라지는 건 없었다. 유럽연합은 교묘하게 이 반대를 무위로 돌리고, 그들의 신자유주의 노선을 고수했다.

유럽연합의 공기업 민영화 지침에 따라 철도 민영화의 과정을 밟아야 했던 프랑스 철도공사는 민영화 전 단계로 회사를 둘로 분리했다가, 엄청난 손실과 부작용을 겪은 끝에 과거로 회귀하기도 했다. 노조 측에서 목이 터지라 10년 전부터 말해왔고, 실제로는 경영진도 너무나 잘 알고 있던 답이었다.

2007년부터 프랑스는 지금까지 만성적인 경제위기 상태다. 그 위기는 노동자들에게서 오지 않았다. 유럽연합의 지침을 눈먼 봉사처럼 따라가는 정부와 부도덕한 자본가들에 의해서 온 것이다. 불평등은 확대되었고, 21세기의 프랑스 거리에서 죽어가는 사람의 수는 나날이 늘어가고 있다. 다국적기업들은 세금 한 푼 안 내면서 천문학적인 수익을 쌓아 올리고, 그들과 한패가 된 관료들은 오로지 자본가계급의 이해를 위해 봉사한다. 한동안 잊혔던 '계급'이라는 단어가 부쩍 자주 회자되고, 집회

현장에서는 '계급투쟁lutte des classes'이 주된 슬로건으로 등장했다.

많은 유럽 사람들은 '하나의 유럽'을 반대하는 것이 아니라, 신자유주의 독재의 사령부가 된 유럽을 반대한다. 유럽이 아름답고 평화로운 상생의 공동체로 거듭날 가능성을 믿는 사람들도 여전히 있다. 그런 이상주의자들은 브렉시트를 결정한 영국 사람들에게 원망의 시선을 보내기도 한다. 그러나 그런 희망도 간직할 수 있는 시간은 얼마 남지 않았다. 유럽연합이 지금까지 그래왔던 것처럼 개혁이 불가능한 집단임이 분명해진다면, 그어떤 언론의 선동이 있더라도 유럽인들은 유럽연합을 버리는 것을 주저하지 않을 것이다.

IMF,
실수를 인정하다

＼

2013년 1월 7일 자 《위마니테》에서 두 번째 머리기사로 다루고
있는 이 내용을 다른 신문들은 입도 뻥긋하지 않았다.

올리비에 블랑샤르Olivier Blanchard와 다니엘 레이Daniel Leigh,
두 명의 IMF 소속 경제학자가 IMF가 제시한 경제위기 극복의
모델은 완전한 실수였음을 인정하는 보고서를 2013년 1월 자
로 내놓았다. IMF는 이미 1997년 한국을 포함한 아시아 국가
들의 재정위기 때 자신들이 제시한 해법은 실수였다는 보고서
도 내놓은 바 있다.

두 경제학자는 IMF가 무려 26개의 나라를 살인적인 긴축재정의 위기로 몰고 갔음을 그들의 보고서를 통해 입증하고 있다. 보고서 도입부에서부터 그들은 IMF가 사용한 모델이 국내 소비와 관련하여 긴축재정이 일으킬 수 있는 효과와 이익에 대해 전혀 예측하지 못했다는 사실, 실업 증가율을 지나치게 과소평가했다는 사실을 인정했다. 한마디로 그들의 모든 예측은 빗나갔다. 그리고 그들은 80대 20의 사회를 넘어 99대 1의 사회를 만들었고, 신자유주의가 마치 존재 가능한 세상의 유일한 방식인 것처럼 몰아갔다.

문제는 IMF가 실수로부터 교훈을 얻는 그런 기관이 아니라는 사실이다. 《위마니테》는 IMF의 경제학자들이 긴축 자체에 대해 근본적으로 문제 제기하기보다는, 단지 계산 착오가 있었다고 생각한다는 점을 지적하고 있다. 그들은 여전히 공식을 재정비해 오차를 제거하면 된다고 믿고, '인간적인 요소humain factor'에 대해서는 고려하지 않으려 한다. 그들은 하나의 수학 연산으로 도출한 단순한 결과를 정치적 압력을 동원하여 모든 나라에 일률적으로 적용한다는 사실의 부조리함을 여전히 보지 못하거나 보지 않으려 한다. 그들이 실수로 도출했다던 공식은 매번 1퍼센트의 부자들에게만 유리하도록 전개되는 것이었다. 자본의 무한 자유를 허락하며, 정부의 긴축재정과 구조조정을 압박하는.

1936년 케인스John Maynard Keynes는 이렇게 말했다. "우리가 단지 말하고 싶은 건 정치·경제, 인간적 차원에서 미래를 약속하는 그 어떤 결정도 단순히 수학적인 계산만으로는 이루어질 수 없다는 점이다. 이러한 모든 요소를 예측해내는 수학공식은 존재하지 않기 때문이다."

김대중은 아랫목·윗목 이론을 펼쳐가며, 지금 우리가 고통을 분담하여 아랫목을 덥혀놓으면 시간이 흐른 뒤 윗목도 따뜻해질 거라고 했지만, 10년이 넘도록 윗목은 따뜻해지지 않았다. 아니 오히려 더 차가워졌다. 그리고 아랫목을 덥히기 위해 빼앗아간 땔감들은 마치 오래전부터 극소수의 인간들이 소유해왔던 것처럼 인식되었고, 새로운 계급을 고착시키는 주춧돌이 되었다.

　그렇다면 이 엉터리 공식을 처방한 경제학자와 IMF의 간부들, 그 공식을 과도하게 적용하여 수많은 가정을 파멸로 몰아간 정치인들은 수많은 사회의 중산계급을 몰락시킨 과실치사로 감옥에 가야 하는 것 아닐까. 아니 인류 전체에 전쟁 피해를 방불케 하는 피해를 가져온, 저 어리석은 지반인 IMF에 사망선고를 내려야 하는 것이 아닐까. 이따금 내놓는 한편의 보고서로 계산 착오를 시인하고, 또다시 그들은 인류의 대량 학살을 천천히 계획하고 시행한다. IMF는 21세기 경제 전쟁의 사령부다.

그들도 안다,
신자유주의는 모두를
거덜 내고 말 것임을

\

2014년 여름, 프랑스철도공사의 해외사업 책임자를 만나는 자리에 동행했다. 사장의 측근이며, 이 회사를 책임지는 다섯 명의 핵심 간부 중 한 사람이다. 프랑스는 최근 분리되어 있던 철도를 다시 통합하는 개혁을 단행했다. 한국에 자주 왔고, 한국의 사정을 잘 아는 이 사람은 우리를 대면하자마자 집요할 정도로 면밀하게 한국철도공사Korail와 국토교통부가 프랑스 철도개혁의 방향을 주시해왔다는 사실을 토로한다. 또 박근혜 집권 이후, 매우 혼란스럽고 중심 없이 흘러가는 한국철도 행정을 보면서 난감해하는 중이라는 얘기도 털어놓았다. 특히 수서발 KTX

메트로. Paris, 2014.

노선 신설이라는 발상(두 개의 공공철도가 거의 동일한 노선을 두고 경쟁하는 것)은 세계철도 역사상 전무후무한 시도여서 과연 그 시도가 어떤 식으로 작동할지 몹시 궁금하다는 말도 덧붙였다. 박근혜 정부에 이끌려가고 있는 한국을 바라보는 외국 정부 및 기업 관계자들의 일관된 시선은 바로 이러한 것이다. '대체 저 인간들이 지금 무슨 짓을 벌이고 있는 건가? 지금 어쩌려고 저러나?'

지위가 지위이니만큼 어휘 선정에 매우 신중한 태도를 보였던 그는 대화 막판에 이를수록 솔직해졌다. 수서발 노선 신설로 대형사고와 인적·물적 손실만 없기를 바란다고 했다. 잘못된 길로 들어섰어도 언제든 잘못을 깨달으면 새로운 길로 갈 수 있는 거니까. 즉 한국 정부도 이 선택이 터무니없는 시도였음을 머지않아 인정하게 될 거란 뉘앙스였다.

프랑스는 17년 전 유럽연합의 지침에 의해 철도체계를 설비와 운영으로 분리했다. 그것은 공기업 민영화와 모든 기업 간의 무한 경쟁이라는 하나의 길로 가기 위한 중간 단계였다. 그 결과 엄청난 적자가 줄기는커녕 눈덩이처럼 불어났다. 그래서 다시 통합하기로 방침을 정했다. 그러나 완전한 통합은 어려웠다. 바로 그 망할 놈의 유럽연합 지침 때문에. 그래서 중간에 홀딩회사를 하나 두고, 두 개로 쪼개진 회사를 홀딩회사가 제어하는 식의 통합을 택했다. 노조는 이 어정쩡한 통합 방식에 거세게 반기를 들었다.

그런 통합 체계로 부채를 해소할 수 있다고 보느냐는 질문에, 현 상황에서 부채를 줄여 효율적으로 경영할 수 있는 '최적화된 환경'을 찾아낸 것이라고 답한다. 유럽연합의 '경쟁'과 신자유주의에 대한 광신적 믿음에서 완전히 자유로울 수는 없지만, 서로의 발전적 성장을 자극하는 긍정적인 경쟁과 환경 자체를 초토화하는 야만적 경쟁이 있다고 할 때, 후자를 피하기 위한 최선의 세팅을 위해 이번 개정안을 만들었다고 한다.

논의하는 내내 놀라웠던 건 그가 신자유주의에 대한 유럽연합의 맹목적 신앙, 독트린이 가져온 폐해에 대해 거침없이 이야기했다는 사실이다. 그것은 결코 개인적인 견해가 아니었다. 프랑스와 독일의 철도 공기업들은, 각각의 유럽 국가들이 각자 자신의 환경에 적합한 최적의 철도운영 방식을 선택할 수 있도록 놔두라고 유럽연합에 요구하는 중이라고 했다. 이 문제에 대한 노조와 사용자 측의 현실 진단은 거의 똑같았다. 그들은 신자유주의의 유럽이 저지른 거대한 실수를 이제 모두 인정하고 있다. 다만 노조는 17년 전에 알았던 것을 사용자는 이제야, 그것이 자신들이 설 자리마저 밑동부터 위협하자 인정하게 된 것이다. 그 해법을 찾는 데서 사용자는 여전히 유럽연합 지도부에게 뒷덜미를 잡혀 있다. 그들도 내심 노조의 강력한 압박을 바랄지도 모른다.

높은 곳에 있을수록 덜 자유롭다. 떨어지기를 두려워하게 되기 때문에. 그리고 높을수록 진실에서 멀어진다. 발이 땅에 닿지 않기 때문에. 땅에 발을 딛고 있는 자들에게는, 머리를 날려 허공에 떠 있는 자들이 현실을 깨닫도록 만들어야 하는 고단한 임무가 있다. 마르크스는 그것을 계급투쟁이라 불렀다.

독일계 다국적기업이
벌여온 사기 행각

\

2014년 가을, 한국의 지인으로부터 한국 도서들을 소포로 받았다. 한국의 인터넷 서점에서 사 보낸 한국 동화책들이었다. 배송사는 DHL. 인터넷 서점은 우체국과 DHL 가운데서 배송사를 선택하도록 해놓았고, DHL의 가격이 우체국보다 저렴했다. 사람들은 당연히 전자를 선택할 것이다. 책값은 51유로였다. 그런데 배송기사는 우리에게 40유로를 별도로 낼 것을 요구했다. 내용을 물으니 "세관이 매기는 관세다. 우린 세관의 심부름을 하는 것일 뿐"이라 했다. 판에 박힌 말이다. 청구서에는 버젓이 '관세 0원'이라고 적혀 있었다. 안 그래도 한국에서 책을 주문하려면 책값에 버금가는 배송료를 내야 하는 해외 거주민들에게, 배송사가 이해할 수 없는 명목으로 추가 요금을 요구하는 일은 비일비재 했다. 이번엔 그냥 넘어가지 않으리라 다짐하고, 40유로에 대한 내역을 알기 전에는 돈을 낼 수 없다며 소포를 돌려 보냈다.

이후 며칠간 프랑스 세관, DHL 프랑스, DHL 한국, 인터넷 서점을 통해 알아본 결과 내가 내야 하는 돈은 부가가치세 5유로뿐이었음을 확인했다. 나머지는 DHL이 일상적·체계적으로 벌여온 사기였다. 유로존 바깥에서 인터넷으로 사는 물건 가운데 45유로가 넘는 물건의 경우 부가가치세가 붙는다. 대부분의 물건에 붙는 부가가치세는 20퍼센트지만, 책은 5.5퍼센트다. 단 예외가 있었다. 그것이 청소년에게 유해한 포르노 도색잡지일 경우, 책에도 20퍼센트의 부가가치세를 적용한다. DHL은 소포에 담긴 각각의 책의 국제표준도서번호isbn를 알 수 없다는 이유로 20퍼센트의 세율을 적용했고, 배송비 명세 또한 조작하였으며, 그들이 다루는 모든 소포에 일률적으로 적용하는 12유로의 비용을 수신인에게 부과함으로써 우체국보다 싼 요금으로 배송되는 것처럼 위장했다. 결과적으로 그들은 8배에 달하는 폭리를 취하려다가 들통이 났다. 더욱 심각한 사실은 이것이 내가 받은 소포에만 해당하는 것이 아니라 그들이 취급하는 모든 소포에 적용된다는 사실이다. 숱한 전화에도 상담원의 무성의한 답변으로 일관하던 그들은, 재경부 소비자보호국에 고발이 들어가고 한국의 협력업체들로부터 문의가 가자, 부랴부랴 한밤중에 전화해 꼬리 자르기 식 개별 보상을 제안해왔다.

주범은 DHL이지만, 한국의 인터넷 서점들 또한 사기에 일조한 것이나 다름없다. 소포 수신인들에게 요구되는 터무니없는 요금에 대한 문제 제기에, 그들은 "나라마다 관세정책이 달라서 일부 품목에 대해 관세가 적용될 수 있는데, 고객님의 소포가 그 경우"라는 답변을 일률적으로 들려주었다. 해외배송으로 물건 받는 일이 대부분의 사람에게 흔한 일이 아니라는 점, 관세라는 말을 들을 때 사람들이 느끼는 불가항력적인 무게, 약간의 과도한 비용을 치르더라도 바다 건너 주문한 물건을 반드시

받고 싶어 하는 심리를 이용하여 DHL은 과감한 사기 행각을 벌여왔고, 국내 업체들은 수수방관함으로써 소비자들을 우롱하는 데 동참해온 것이다.

나는 국내 인터넷 서점 두 군데에 이 사실을 알렸다. 책을 배송했던 A사로부터는 배상을 받았고, B사로부터는 아래와 같은 답장을 받았다. 아래는 B사의 해외배송책임자가 내게 보내온 메일의 일부이다.

"지난밤 통화 후에 선생님 말씀을 팩트로 삼아 DHL에 해명을 재차 요구했습니다. DHL 측의 주장을 그대로 믿을 수 없었기에 프랑스 세관에 정식공문을 요청하고 그 회신을 보내줄 것을 DHL 측에 요구하였습니다. 설마 했는데, 확인해보니 선생님 말씀이 옳았습니다.

프랑스 DHL의 영업 행태를 전혀 모른 채, 어설픈 팩트 확인으로 큰 심려를 끼쳤습니다. 프랑스 DHL의 황당한 돈벌이에 고객들이 속수무책으로 당하고 있던 것을 일깨워주셨는데도 단번에 알아채지 못한 것이 부끄럽습니다. 굴지의 다국적기업이라는 이유로 설마 하며 방심했던 점, 몇 차례의 확인 요청에 대한 한국 DHL의 허위답변을 좀 더 매섭게 추궁하지 못한 점을 되돌아보게 됩니다. 선생님께 드리는 사과 말씀과 별도로 저희는 고객들에 대한 숙제를 한가득 안게 되었습니다. 늦었지만 큰 다행으로 여깁니다. 제안하신 대로 ISBN을 표기하는 건 당장 할 수 있는 일이겠고, 배송사를 교체하거나 최소한 선택할 수 있는 방안을 찾아야겠습니다. 프랑스 DHL이 이 문제를 어떻게 처리할지와 무관하게 고객의 피해를 보상해야겠고요. 다른 나라 DHL은 멀쩡한지도 당장 점검을 해봐야겠구나 싶습니다. 잘못을 바로잡을 기회를 주신 점, 깊이 감사드립니다."

사건 내용을 페이스북에 올리자, 유럽 전역에 있는 페이스북 친구들이 DHL이 다른 나라에서도 똑같은 행태를 벌여왔음을 확인해주었다. 미국계 다국적 기업이던 DHL은 2002년부터 독일 우체국이 인수하여 현재는 독일계 기업이 되었다. 그리고 이들은 2013년부터 경쟁력 있는 배송료를 제시하면서 국내 인터넷 서점들의 주요 배송업체로 자리 잡았다. 그러나 그들은 수신자들에게 배송료에 버금가는 비용을 다시 뜯어내는 수법으로 수익을 채워갔다.

두 달 가까이 사건을 포기하지 않고 추적하게 해주었던 건, 배송기사와 한바탕 싸우면서 내 안에 들끓었던 분노였다. 그는 스무 살 정도밖에 안 되어 보이는 불가리아계 이민자였다. 아이를 위한 동화책 소포를 놓고, 나와 또 다른 이민자인 그가 소리 높여 싸우게 하고, 그사이 불의한 이득을 손쉽게 주머니에 털어 넣고 있는 거대한 자본에 분노했다. 청년은 내가 40유로를 주지 않으면 자신의 돈으로 채워 넣어야 한다며 울먹였다. 자긴 하청업체 직원이고, 자기한테 이리 저리로 물건을 보내라고 지시하는 사람의 이름조차 알지 못한다고 했다. 아무리 내가 싸워봤자 저들은 끄떡도 안 할 거라고도 했다. 그는 다국적 기업의 간판을 걸고 뻔뻔한 사기를 자행하는 깡패집단에 인생을 저당 잡힌 하수인이었고, 나는 그들이 돈을 뜯어가면 어쩔 수 없이 털리고 마는 숱한 고객 중 한 명이었다. 나는 그들이 쳐놓은 덫을 걷어 차는 것으로 나 같은 피해자가 또다시 발생하는 일을 막고 싶었고, 청년의 무기력을 일깨워주고 싶었다. 약한 자들끼리 싸우게 하고, 그사이 점잖게 돈을 챙겨가는 자본 혹은 그들을 호위하는 지배권력의 시스템은 무너지지 않았지만, 그 청년이 복종 이외의 방식도 가능하단 것을 알았기를 바란다. 나는 두 달 뒤 그에게 전화했고, 그는 우리 집에 와서 나의 무용담을 들었다. 그리고 환한 얼굴로 집을 나섰다.

세금포탈은
미국 대기업의 국민스포츠

\

2014년 영국에 있는 페이스북 법인은 지난해에 법인세로 760만 원을 냈단다. 우리집 2년 치 주민세랑 비슷한 수준이다. 그래도 한 푼도 안 낸 스타벅스보단 양심이 쪼끔 있는 셈이다. 스타벅스는 프랑스에서 단 1유로의 법인세도 낸 적이 없다. 그 이유는? 프랑스 스타벅스는 공식적으로 만성 적자이기 때문이란다.

2004년부터 프랑스에 진출한 스타벅스는 2014년 한 해만 프랑스에서 무려 9천 100만 유로(약 1000억 원)의 매출을 기록하였으면서도 "적자"라고 신고하며 세금을 회피했다. 이들은 네덜란드에 둔 유럽지역 본사를 통해 탈세하면서 2004년부터 지금까지 단 한 푼의 세금도 내지 않고 영업을 해왔다. 2015년 테러 직후, 프랑스와의 연대를 표한 스타벅스를 향해 프랑스인들은 "연대하고 싶다면 세금부터 내라"는 비난을 퍼붓기도 했다. ▶

룩셈부르크, 네덜란드, 벨기에. 유럽의 세금 천국인 이 세 나라에 본사를 두고, 로고 사용료 등을 명목으로 각국에서 벌어들인 돈을 그쪽으로 빼돌려 세금을 포탈해온 미국계 다국적기업들에게 《르 몽드》는 "세금 빼돌리기는 미국 대기업들의 국민스포츠"라며 질책했다. 미국 MBA 커리큘럼에는 유럽에서 세금 빼돌리기 과목이라도 따로 있는 모양이다.

룩셈부르크 정부가 미국계 다국적기업들의 탈세를 정책적으로 도운 정황이 폭로된 '룩스리크스Luxleaks' 스캔들 이후 2015년 10월, 경제협력개발기구OECD는 유럽연합의 재경부 장관들과 함께 다국적기업의 탈세를 방지하는 협약을 채택한 바 있다. 그러나 여전히 많은 사람이 그 효력을 의심한다. 그들의 세금포탈을 도운 건 베네룩스 3국 정부뿐 아니라, 그 피해당사자인 각국의 정부이기도 했기 때문이다. 구글, 아마존, 애플, 하인즈, 스타벅스 등 340개에 이르는 다국적기업들이 조직적으로 포탈해온 세금은 연간 전 세계 법인세의 최대 10퍼센트(약 278조 원)에 달한다고 OECD 보고서는 지적한다(실제로는 훨씬 더 많을 것 같다). 다국적기업들을 언제나 팔 벌려 환영해온 유럽연합과 각국 정부가 과연 얼마나 실효성 있는 제재를 그들에게 가할지 의문이다.

얼마 전 유럽연합이 웬일로 아일랜드에 애플로부터 세금 130억 유로(약 16조 원)를 더 징수하라고 결정한 이후, 프랑스 또한 같은 내역의 세금을 애플로부터 징수할 수 있게 되었지만, 프랑스 경제부 장관 미셸 사팽은 "프랑스는 애플에 이 세금을 추징할 생각이 없음"을 천명했다. 의회는 이 놀라운 결정에 대한 장관의 답변을 듣고자 했으나, 아직 그는 아무런 합리적 이유도 제시하지 않았다.

날강도들의, 날강도들을 위한 자본주의다. 파렴치한 자본가들이 사기와 탈세, 탈법으로 자본의 모래성을 쌓으며 세상의 멸망을 자초하는 곳. 그것이 오늘의 유럽이다.

왕자의 탄생

\

2013년 여름, 영국은 아기 왕자의 탄생으로 야단법석, 홍분의 도가니에 빠졌다.

영국 사람들이 저러는 건 익히 알고 있었으나, 대체 뭐가 그리 좋은 걸까? 《리베라시옹》 기사에 제법 댓글들이 달렸기에 들여다봤다.

"진작 우리는 왕의 목을 단두대로 끌고 갔기에 망정이지, 우리도 저 우스꽝스러운 난리판에 휩쓸릴 뻔했잖아."

"우리는 아무 관심 없다고."

"이렇게 지면 채울 뉴스가 없는 거야? 왕실의 정자는 이렇게 특별해서 아기를 낳았다, 뭐 이런 얘기라도 하고 싶은 거야?"

"영국 왕자가 태어난 날 우리 조카도 태어났다. 그의 증조할 아버지는 미성년자였을 때 아버지가 되었고, 그의 할아버지는 철공소에 다녔으며, 그의 아버지는 실업자다. 모든 아기에겐 각자의 길이 있다."

뭐 이런 초강수의 냉소가 댓글들의 주류를 이룬다. 어쩐지 마음이 놓인다.

엄마가 텔레비전 뉴스에서 영국 사람들이 떠는 야단법석을 보며 "프랑스엔 왕 없지?" 하신다. 나는 답했다. "어. 영국은 혁명을 한 적이 없어. 그래서 왕이 있는 거야."

물론 세계사 시간에 배우기로 영국도 명예혁명이라는 걸 한 적이 있다. 그러나 그것은 엄밀한 의미에서의 혁명이 아니었다. 그냥 말장난이었지. 21세기에도 왕이 저렇게 좋다는 사람들이 혁명 같은 걸 했을 수가 있나. 골목마다 시큼털털한 냄새가 풍기고, 매일 어딘가에서 파업이 열리며, 무임승차하는 사람들이

득실거리지만 검표원 몰래 서로의 무임승차를 돕는 이 도시가, 깔끔하고 상업적 친절함이 넘치는 런던보다 정이 가는 결정적인 이유. 이곳이 혁명의 땅이었고, 이곳을 사는 사람들이 그 사실을 절대 잊지 않기 때문이다.

처음 런던에 갔을 때는 영국의 윌리엄 왕자가 케이트 미들턴과 결혼하기 직전이었다. 거리엔 온통 둘의 얼굴이 새겨진 관광상품이 넘쳐났다. 서점에도, 찻집에도, 초콜릿 가게에도 온통 이 둘의 얼굴뿐. 미국엔 전 세계의 평화를 수호하는 영웅이 필요하고, 한국엔 광적인 종교 지도자가 필요하다면, 영국엔 대영제국의 꿈에서 영원히 깨어나고 싶어 하지 않는 사람들을 위한 신화나 동화 속 주인공이 필요한 듯하다. 영국 왕실은 바로 그런 영국인의 판타지를 충족시켜주는 대가로, 오늘도 영국 최고의 관광상품으로서 그 존재감을 과시하며, 행복한 왕실 놀이를 지속하고 있다.

Jardin, Grenoble, 2010.

5

가파른 땅을 최대한 평평하게

대자보의 귀환

\

1988년 대학에 들어가 받았던 첫 충격은 '대자보'로부터 왔다. 상상할 수 없는 세계가 거기서 펼쳐지고 있었다. 이걸 믿어야 하나 말아야 하나 매번 망설이며, 나는 매일 대자보 앞에 얼어붙은 듯 서 있었다. 믿건 믿지 않건 그 대자보들을 적어도 하루에 한 장 읽는 것만으로도 사고는 점점 다른 색깔로 물들어갔다. 그렇게 그 시절을 사는 우리의 머릿속엔 진실과 거짓, 선동과 저항, 투쟁과 갈등이 뒤섞였다. 그러면서 한 걸음씩 어떤 방향으로 나아가게 되었다.

총체적 부정으로 범벅된 2012년 대통령선거의 진실. 그것을 전면적으로 파헤친 주류 언론은 없었다. 2002년 노무현의 대통령 당선은 디지털 혁명이 대선의 결과를 좌우했던 최초의 정치적 사건으로 세계의 주목을 받았다. 그로부터 10년 뒤, SNS라고 하는, 대중 친화적으로 보였던 이 문명의 이기가 어떻게 권력에 복속되어 부메랑처럼 시민들의 의지를 조롱하고 배반하는지를 2012년의 부정선거는 보여주었다. 외신이 잠잠한 것은, 국내 언론이 전면적으로 이 문제를 다루지 못했기 때문일 것이다.

그래서 등장한 것이 '대자보'였다. 고려대 정경대 후문에 처음 나붙기 시작하여 그곳은 성지가 되었고, 서울 시내 대학가를 대자보로 물들여가기 시작했다. 이 너덜거리는 나라의 청년으로 태어나, 어깨를 짓누르는 등록금에 치이고, 영혼을 갉아먹는 경쟁사회의 칼날에 서로 상처를 입히며, 눈만 빼꼼 뜨고 간신히 살아 있는 줄 알았던 저들.

소위 운동권 사투리로 범벅된, 알아먹을 수 없는 각 선 대자보가 아니라, 세상에 태어나 처음으로 자신의 삶과 정치와 사회

를 연결지어보는 조심스러운 목소리, 가슴 깊숙한 곳에서 터져
나오는 뜨끈하게 울먹이는 목소리, 다듬어지지 않은 투박한 어
휘로 조심스럽게 세상을 향해 처음으로 외치는 저들. 멋지다.

프랑스어로 대자보는 다지바오^{dazibao}다. 중국어 '대자보'를
그대로 음차 한 것이다. 일본어를 그대로 사용하는 경우는 많
다. 스시, 라면, 유도, 이케바나, 오리가미 등. 하지만 중국어를
이렇게 쓰는 경우는 드물기 때문에 다지바오라는 단어를 처음
알고 깜짝 놀랐다. 대자보는 중국의 오랜 전통이었다. 전제군
주 시절에도 익명의 시민이 시국에 관하여 자신의 견해를 종이
에 적어 저잣거리에 붙이는 전통이 중국에는 있었고, 이것이 문
화대혁명 때 새롭게 부활했다. 프랑스는 68혁명 때도 대자보의
전통이 이식되지 못했다. 수많은 포스터가 인쇄된 형태로 등장
했고, 사람들은 종이가 아니라 벽에다 직접 그들의 생각을 남겼
다. 대자보는 중국·한국 등 몇몇 국가의 격문 양식이기에, 그대
로 음차 되어 프랑스어에 편입된 것이다.

절망하지 않고, 일베처럼 비틀린 괴물이 되어 세상에 토악질 하지도 않고, 세상일 나 몰라라 하며 스펙 쌓기의 허무한 경주에만 머리 들이밀지 않고, 대자보의 릴레이를 이어가며, 그리고 기어이 거리로 나가 서툰 함성을 내지르는 젊은이들.

부정한 공권력 개입으로 권력을 얻은 박근혜 정권의 오물로 세상이 끝없이 뒤덮이고 있지만, 그만큼 우리는 예기치 않은 곳에서 터져 나오는 지혜와 용기, 감동을 만나고 있다. 이것은 추함과 아름다움의 싸움이다.

강남역 10번출구:
여성들의 분노의 용암이 분출한 곳

＼

모든 개인의 죽음은 사회적 죽음이다. 모든 개인적 고통이 사회적 고통이듯. 나의 고통을 객관화할 수 있을 때, 남의 고통을 나의 것으로 느낄 수 있을 때 사회적 치유가 시작되고, 그 안에서 개인이 치유될 때 비로소 역사는 전진한다.

2016년 봄, 강남역 10번 출구에서 여성혐오misogyny의 피해자들과 가해자들이 추모와 분노, 조소와 야유로 부딪혔다. 여성들은 비로소 우리 모두가 피해자였음을, 그 자잘한 일상의 불

강남역 10번 출구. Seoul. 2016. ▶

안과 불쾌함, 공포가 여성 모두의 것이었음을 말하는데, 자신의 평소 언행이 여자들을 하루하루 죽여가는 것이었음을 받아들이지 못하는 남성들은 그들의 조용한 추모와 분노에 끼어들어 이를 조롱했다.

여성혐오에 대한 여성들의 폭발적 자각과 그 앞에 선 남성들의 망연함 사이에서, 정부는 무슨 일을 했는가. 마치 자신들과는 상관없는 일이 벌어지고 있다는 듯 정부는 아무 말도 행동도 취하지 않는다. 대통령은 파리에 가서 명예박사 학위를 받을 꿈에 부풀어 있을 뿐이고, 정부의 나팔수 《조선일보》는 강남역에 모여든 추모 인파들을 세월호 유가족처럼 폄훼했다. 해결은 없고 훼방만 있으며, 대화는 가로막고 대결만 조장한다.

그러나 솟아오르기 시작한 불기둥은 좀처럼 가라앉지 않으리라. 그 누구도 현명한 제도적 해결 방안을 제시해줄 리 없는 사회에서, 남성들이 할 수 있는 일은 먼저 여성들의 상처를 있는 그대로 보는 것이다. 그녀들이 하는 말을 모두 들어보는 것이다. 그리고 함께 답을 찾아가는 것이다. 여성이 피눈물 흘리는 세상에서는 남성도 결코 행복할 수 없다.

허물어라,
가부장제라는 피난처를

＼

분명, 지금 대한민국에선 젠더 간의 대접전이 벌어지는 중이다. 페미니즘 분야의 책들이 수십 권씩 서점에 쏟아져 나오고, 대학의 여성학 강의는 공석이 없을 만큼 인기폭발이다. 이 땅의 페미니스트 이론가들은 전국 방방곡곡으로 불려 다니느라 행복한 비명을 지른다. 우린 이런 현상을 일찍이 겪어본 바 없다.

정의당은 게임회사 넥슨의 몰지각한 행태에 지극히 이성적인 논평을 내놨다가 당원 대거 탈당이라는 예기치 않은 상황을 접하고는 허둥지둥 논평을 철회하는 악수를 두었다. 이 신중하지 못한 결정은 여성인권 문제에 있어, 당의 정치적 신념의 부재를 드러내면서 진보 정당으로서의 위상에 치명상을 입었다. 작금의 한국 남성들이 보여주고 있는 비이성적 반응을 촉발한 직접적 계기는 아마도 강남역 여성 살해사건, 그리고 거기서 보인 여성 연대의 결기에 찬 모습과 그 조직화된 힘에 대한 공포일 것이다. 강남역 현장에 모여든 여성들의 울분에 찬 포스트잇과 거기에서 용암처럼 흘러내리던 분노는 여성들의 삶을 그 이전으로 되돌아가지 못하게 만들었고, 그 분노가 구체적 힘으로 드러나면서 남성들의 좌우합작 대동단결이라는 초유의 상황을 만들어내고 있다.

대략 6000년 전부터 여성과 남성은 싸워왔다. 그것은 인류가 가부장제에 포섭되기 시작한 시기와 일치한다. 가부장제는 자유와 평등으로 돌아가던 모계사회를 불평등과 위계로 대체했다. 세상의 모든 혁명은 왜 자유와 평화를 부르짖는가. 그것은 우리가 기억도 못 할 뿐 아니라 기록조차 제대로 하려 들지 않았던, 모계사회로의 끈질긴 회귀본능이 아닐까 추측한다.

신자유주의가 거부할 수 없는 옷처럼 우리 몸에 달라붙기 시작한 외환위기 시점 이후, 한국사회에서의 남녀 간 불평등은 기하급수적으로 가중되어왔다. 아이러니한 것은 대략 이때부터 한국사회의 여성혐오 현상이 다소 다른 양상으로 두드러지기 시작했다는 사실이다. 모순이 극대화되면, 폭발할 수밖에 없다. 수습 불가능한 수준으로 축적된 모순은 이제 걷잡을 수 없이 터져 나온다. 표출의 방식이 옳고 그름을 따지는 것은 그다음의 문제다. 짓밟고 능멸해오던 대상들이 마침내 발끈하며 일어서자, 남자들이 보이는 첫 번째 반응은 어리둥절함이다. 그리고 정의당 탈당 사태에 이어 《시사인》 절絶독 사태가 보여주듯, 기존의 전선과 이념을 초월해 남성들의 자기방어 기제가 발동되고 있다. 가부장제를 수호하기 위한 이러한 '남성 연대'는 충분히 예측됐던 광경이다.

가부장제가 허물어지는 것에 대한 두려움은 연예계 가십 뉴스를 둘러싼 반응 속에서도 감지해낼 수 있다. 의도적으로 판벌이듯 던져진 '홍상수·김민희 커플 탄생'이라는 뉴스를 둘러싼 광경이 그것이다. 두 유명인사의 결합을 향해 가차 없이 행해지던 돌팔매질을 보며, 신성한 '조강지처'를 감싸고, 발칙한 '상간녀'를 향해 집단린치를 가하는 가부장제의 건재를 목도하지 않을 수 없었다. 두 성인 남녀가 자신들의 인생에서 새로운 파트너를 만나 새로운 삶을 꾸리는 결정에 대해 사회 전체가 합류하여 가치 판단에 나선다는 것은, 도덕과 윤리로 위장된 가부장제를 수호하려는 집단적 폭력이었다.

여성이 마침내 가부장제가 채워준 족쇄에서 벗어나 평등한 인류로서 세상을 함께 보듬어 나가는 주체가 되는 것이 '여성 해방'이라면, 이를 위해 남성은 '남성 기득권'으로서의 가부장제를, 여성은 '남성이 허락해준 피난처'로서의 가부장제를 허물어야 한다.

예컨대 집권 이후 줄곧 지지율이 바닥을 치던 올랑드 대통령이 엘리제 궁을 함께 쓰던 여성 몰래 밤마다 스쿠터를 타고 나가 밀애를 즐겼음이 들통났을 때, 올랑드의 지지율은 놀랍게도 소폭 상승했다. 정치인의 사생활에 쿨한 태도를 견지해온 프랑스인들은 역시나 무심하게 그 일을 넘기는 분위기였고, 한편에

선 '무매력의 올랑드에게 저런 핑크빛 스캔들이?' 하며 그를 조금 인간적으로 보는 시선이 술렁였던 것이다. 올랑드의 연인을 비난하는 목소리는 들리지 않았다. 이런 반응은, 넓게 보자면, 1960~1970년대에 전방위에서 치열하게 벌어졌던 프랑스 페미니즘 운동이 이룬 성과이다. 여성은 더 많은 임금을 얻었고, 더 많이 공직에 진출했으며, 육아의 일방적 부담에서 벗어난 동시에 가부장제를 헐겁게 만들었고, 가정이라 불리는 울타리에서 그 가부장에게 안주하지 않으며 세상의 무게를 비교적 공평하게 어깨에 걸머지게 되었다. 그 때문에 결혼이라는 계약 관계가 누구 한 사람의 변심으로 깨졌을 때도, 이는 각자의 삶이 감당해야 할 철저히 개인적인 일로 받아들여질 뿐 공적 분노를 일으킬 만한 일은 아닌 것이다.

지금의 젠더 전쟁이 적어도 이러한 방향으로 진화하기를 소망해본다. 가부장제가 허락한 안온한 감옥을 부여안고 가부장제와 맞서 싸울 순 없다. 오늘의 구태의연한 틀을 내려놓을 때 비로소 새로운 틀을 쌓을 수 있다. 그것이 공정한 게임의 규칙이다.

분노의 화살이
겨누는 곳은 어디인가

＼

여성혐오를 둘러싼 이 무수한 국지전을 보며 생각한다. 여성에
대한 조직적 차별은 가부장제 발생 이후 수천 년의 역사를 가진
것이지만, 마치 그들에게 원한이라도 가진 듯 여성을 혐오하고
공격하며, 이를 적극적으로 표출하는 남자들이 출현한 것은 비
교적 최근 일이다. 외환위기 이후 급격히 도드라진 한국사회의
여성혐오를 보며 지배계급의 프레임 속에 걸려든 것은 아닌지
나는 강한 의혹을 품고 있다. 그들이 오랜 시간 공들여 조장해
온 피지배계급 간의 분열 프레임.

　박정희가 호남을 차별하고 영남에 특혜를 제공하면서 지역

Paris, 2010.

갈등을 고착화할 뿐 아니라 편리하게 통치의 도구로 사용했듯, 신자유주의에 안착한 한국사회의 기득권자들은 노동자를 비정규직과 정규직으로 가르면서 그들 간의 갈등을 부추겼다. 심지어는 노조 간에도 귀족노조 프레임을 만들어, 손쉽게 노노 갈등을 조직해냈다. 생계를 결코 담보할 수 없는 최저임금, 아르바이트비로 감당할 수 없는 대학등록금은 청춘들이 방황하고 갈등하고 연애할 시간과 여유를 빼앗아버렸고, 이 가팔라진 계급사회의 제일 밑에 깔린 남자들은 억눌린 분노를 표출할 대상을 찾았다. 그것이 바로 여자들이다. 전통적으로는, 손쉽게 자신들의 발아래 놓여야 했던 이들을 밟는 것으로 자신들의 처지에 대한 원망을 투사하는 것이다. 지배계급을 들이받는 대신 말이다. 프랑스사회에서 가중되는 불평등과 차별의 결과로 테러 발생이 빈발해지자, 이슬람과 이슬람계 이민자들 탓으로 돌리는 것과 비슷한 형국이다.

부실공사로 인한 층간 소음 문제는 아파트 공화국에 사는 주민들에게 일상적인 불화를 넘어 살인의 빌미까지 제공하지만, 주민들은 힘을 합쳐 건설회사에 소송을 제기하기보다 서로 치고 받으며 증오를 증폭시키는 방식을 선택한다. 아이들을 경쟁의 기계, 시험 보는 괴물로 만들어가는 살인적 교육제도에 저항하기보다 서로를 괴롭히는 아이들을 묵인하며 엄마들을 향해 독화살을 날린다.

DHL의 배송비 사기극 건으로 배송기사와 핏대 올리며 싸우던 나는, 순간 깨달았다. 왜 내가 이 어린 이민자와 싸우고 있는 건가. 그사이 개미들의 푼돈을 거둬 손쉽게 자기 주머니에 넣고 있는 놈들은 코빼기도 보이지 않고 어딘가에서 우아하게 살고 있는데. 그래서 나는 배송기사에게 내비쳤던 화를 거두고, 회사를 향한 싸움을 전개했다.

세상의 모든 분노는 정당하다. 그것이 분노라 불린다면, 짜증도 화풀이도 아니고 분노라면, 그것은 표출되어야 한다. 그러나 분노를 표출할 때 그 방향은 정확해야 한다. 엉뚱한 사람에게로 향한 분노의 화살은 피해자인 서로를 괴롭히고, 우리를 결코 그 분노에서 헤어날 수 없게 만든다.

삶, 사랑, 죽음

＼

헝가리 부다페스트 켈레티[Keleti] 기차역. 헝가리 당국이 오스트리아와 독일로 향하는 국제열차의 운행을 중단하자 수천 명의 시리아 난민들이 역 주변에서 노숙하고 있었다. 이 절망과 비참의 폐허에서 어느 난민 커플이 나눈 키스 장면이 지구촌을 한 바퀴 돌며 세계의 시선을 집중시켰다. 그곳을 찾은 헝가리 사진작가 이스트반 치로스[stván Zsíros의 눈에 암흑 속의 등불처럼 빛나는 키스가 포착되었듯,* 잔인한 운명을 견디는 이들의 삶 속

---

* http://www.slate.fr/story/107149/photo-baiser-refugies-syriens

에도 뜨거운 사랑의 격정이 물결치고 있다는 소박한 기적은 심장을 가진 모든 이의 마음을 울렸다. 이 사진 앞에서 하염없이 눈물을 흘렸다. 그들의 사랑이 아름다워서.

다시 사랑할 수 있을 때 인간의 삶은 빛나기 시작한다. 뜨겁게 사랑하는 인간의 심장보다 더 강력한 모터는 없다. 인생은 만남의 변주로 만들어지는 음악이며, 그 만남이 빚어내는 불빛 아래 비치는 해석이다. 어떤 음악이 흐르는 공간에, 어떤 조명을 받으며 서 있는지에 따라 같은 인생도 달리 해석된다. 난파된 배 속에 던져진 삶일지라도 사랑을 피워낼 줄 아는 두 사람은 그리하여, 세상 모든 사람을 위로했다. 다시 사랑할 수 있다면, 그 인생은 다시 빛날 수 있으니.

헝가리 부다페스트 기차역에서 어느 난민 커플이 나눈 키스가 세상 사람들 마음을 건드린다. 〈Borderless Love〉, Keleti Pályaudvar, Budapest, 2015. ▶

유럽 인민들의 저녁 식사:
그리스 민중은 옳다

＼

2015년 여름이 알맞게 무르익었던 어느 저녁, 열 사람 정도가 모인 만찬이 있었다. 한 예술가의 전시 오프닝을 축하하는 자리였으나, 때가 때이니만큼 그리스가 식탁 위 화제로 올랐다. 식사 내내 조용하던 한 노르웨이 남자가 흥분하며 그리스를 비난했고, 나를 포함한 나머지 아홉 사람(한국인과 벨기에인 한 명씩, 나머지는 프랑스인)은 차분히 그의 발언을 하나하나 받아쳤다.

  "게으른 그리스인들은 가만히 앉아 연금만 바라고 살아온 사람들이에요."

"그리스인들은 나머지 유럽 사람들하고 똑같은 사람들이지. 그리고 그들의 연금은 지난 5년 동안 두 동강 났어."

"그들은 빚도 안 갚고, 우리더러 철도며 통신시설을 놔달라고 떼를 쓰죠."

"철도를 놔라, 통신시설을 설치해라 하며 그들에게 간섭하고 강요하는 건 바로 유럽연합 채권국들이야. 자기네 걸 팔아먹으려는 수작이지."

"빚이 그렇게 늘어나는 동안 도대체 그들은 뭘 했다는 말인지."

"미국은 빚으로만 살아온 지 수십 년 됐어. 거기에 대해 말하는 사람은 왜 아무도 없지?"

"빚을 져놓고, 이제 와서 그 빚을 탕감해달라, 너무 뻔뻔한 거 아녜요?"

"독일은 1·2차 세계대전에서 진 빚을 안 갚았어. 그리스를 포함한 유럽 국가들이 독일 청년이 져야 할 짐을 덜어주기 위해 빚을 탕감해줬지. 유럽을 완전히 쑥대밭으로 만들어놓느라 독일 놈들이 진 그 빚을 말이야."

"5년 동안 수백 조가 그리스에 들어갔다고요. 그 돈으로 그들은 대체 뭘 했다는 거죠."

"그 돈은 채권자인 민간은행들이 다 가져갔어. 그리스 정부 손에 들어간 돈은 10퍼센트도 안 돼."

"그리스는 노령인구 비율이 유럽에서 제일 높은 나라예요. 그 노인네들이 죽어도 노령연금 타 먹느라고 사망신고도 안 한다고요."

"트로이카(유럽연합, 유럽중앙은행, 국제통화기금)의 긴축 요구 이후 그리스의 영아 사망률이 43퍼센트로 급증했어. 트로이카는 그리스 아이들을 죽인 셈이지."

노르웨이 남자의 발언에 모든 참석자가 한마디씩 거들며 그

'연금 개악 반대' 파리 집회. Place de la Bastille, Paris, 2011.

의 무지를 깨우쳐주었다. 그는 9대 1의 상황임을 알아차렸는지, 조금씩 꼬리를 내리기 시작했다.

"사망 직전에 있는 환자에게서 먹을 것을 더 빼앗아서는 그들이 다시 일어날 걸 기대할 수 없어."

"그건 그래요."

"한 가지 좋은 방법이 있지. 그리스의 모든 교회 문을 닫고, 그리스 정교회의 금고를 털어 교회 재산을 국유화하면 빚을 갚고도 남을 거야."

한 출판인의 마지막 발언에 모든 사람이 박장대소를 하며 손뼉을 쳤다. 입을 꽉 다문 노르웨이 남자만 빼고.

한국 노인과 프랑스 노인

\

2015년 한국에 잠시 다녀왔을 때, 가장 먼저 눈에 들어오는 사람들은 노인이었다. 다수의 사람에게서 한결 거칠어진 정서가 느껴졌지만, 그 강도가 노인에게로 가면 숨이 턱 막힐 만큼 압도적이었다. 쉬지 않고 달려왔는데, 자식들 공부시키고 부모 봉양하면서 자신의 평안은 돌볼 틈도 없이 등골이 빠졌는데, 결국엔 시멘트로 바른 벽 앞에 막막하게 서 있는 그들. 분하고, 억울하고, 원통해하는 것이 느껴져 안쓰럽기도 하고, 조심스럽기도 했다. 지하철에서 벌어지는 경로석을 둘러싼 삼엄한 광경은, 그 원통한 자들이 그나마 차지한 콩알만 한 사회적 권리를 사수하

Café, Paris, 2012.

는 현장이었다.

　프랑스 노인들은 빈자리에 집착하지도 않고, 혹시 누군가 양보하면 괜찮다며 고사하다가 진심으로 고마워하며 앉는다. 이유는 간단하다. 프랑스에서 노인들은 소외계층이 아니기 때문이다. 거의 모든 사람이 노년에 이르면 연금을 받는다. 자녀를 세 명 이상 낳은 여성은 무려 10년이나 일찍 연금을 수령할 수 있다. 그들의 등골은 시리지 않고, 자식들 앞에서 위축되지 않는다. 자신의 존재를 지켜줄 수 있는 최소한의 수입, 바로 그것 때문에 프랑스에서 노인은 그저 나이가 좀 더 든 사람일 뿐이다. 시간상으로 가장 여유 있고, 하고 싶은 일들만 해도 되는 자유가 있기에 오히려 다른 계층보다 너그럽다. 그리고 지금의 60~70대들은 20~30대에 68혁명을 경험한 사람들이다. 그들은 자신의 투쟁 결과를 청장년 시절 누려왔고, 노년이 된 지금, 그들이 건설한 프랑스가 파괴되어 가자, 어느 세대보다 많이 거리에 나와 프랑스의 가치를 복원하고자 애쓴다. 프랑스 쪽이 더 튼튼한 건 노인들의 관절이 아니라 사회안전망이었던 것.

온전히 청춘을 바치고도 아무것도 보상받지 못한 한국 노인들이 지하철에서 너그러울 수 없는 것은, 그들에게 그나마 주어진 손바닥만 한 권리를 맹렬히 사수하는 중이기 때문이다. 그들이 청춘을 바치던 시절, 절대빈곤에서 벗어나 가족들과 밥 굶지 않고 소위 '먹고 살 수 있게 된' 시절, 그들의 지도자였던 박정희는 그들에게 누가 뭐라 해도 절대적인 존재다. 박근혜를 대통령으로 만드는 데, 그들의 청년 시절 실현되지 않은 꿈에 대한 타당한 도박이 절대적 힘을 발휘했다. 일부 노인들이 박근혜의 친위대가 되어, 단돈 2만 원에 동원되는 관변 시위꾼으로 노년을 살고 있다는 사실. 현실을 인정할 수도, 진실을 바라볼 수도 없으며, 오로지 박근혜의 뜻을 거스르는 모든 이들에게 오늘의 불행을 덮어씌울 수밖에 없는 그들의 운명이 아프다.

내 아들은 게이다,
나는 그것이 자랑스럽다

＼

수많은 골짜기와 산등성이를 넘고 넘어, 드디어 프랑스에서 첫 번째 합법적인 동성 결혼식이 수요일 저녁(2013년 5월 29일) 프랑스 남부 도시 몽펠리에에서 열렸다. 사회당 출신의 여성 시장 엘렌 만드루가 주례를 선 가운데, 몽펠리에 시청에서 치러진 이 역사적인 결혼식엔 500여 명의 하객이 참석했고, CNN에서부터 러시아 방송에 이르는 234명의 기자가 몰려와 이 멋진 순간을 전 세계에 타전했다. 프랑스 첫 동성 결혼식을 치르게 된 몽펠리에 시는 "프랑스에서 가장 성 소수자에게 우호적인 도시"임을 스스로 선언하고, 이날의 결혼식을 시민들의 축제로 만들었다.

주인공 뱅상의 어머니는 "내 마음은 행복으로 가득하다. 차고 넘치는 행복을 주체하기 힘들 정도다"라고 말하며 이날의 감격을 표현했다. "여기까지 오는 데 우린 정말 많은 노력을 들여야 했다. 오늘은 축제의 날이다. 나는 내 아들의 결혼식을 평생 잊지 못할 것이다"라고 말한 또 다른 주인공 브뤼노의 어머니 눈에는 감격의 눈물이 가득했다. 이들의 결혼식은 두 사람의 결합이 결혼이라는 절차를 통해 공인되는 것임과 동시에 차별에 맞서 싸워왔던 이들이 긴 투쟁 끝에 승리의 열매를 거머쥐는 것이기도 했다.

주례를 맡은 엘렌 만드루는 "진보하는 사회란 존재하는 모든 차별과 끊임없이 싸우는 사회"라고 말하며, 이날의 감격을 모든 차별받는 사람들과 나누고자 했다. 결혼식이 열린 몽펠리에 시청 앞에는 수천의 인파가 모여 축제에 함께했다. 결혼식 전날까지 반대집회를 벌이고, 협박 전화를 하던 반대세력들도 이날만큼은 가시적인 행동을 자제했다.

이제 역사 속에 남게 된 그들의 이야기는 2006년으로 거슬

프랑스 최초의 합법적인 동성 결혼식에서
주인공 뱅상과 브뤼노의 키스. Montpellier, 2013.

러 올라간다. 브뤼노를 만나기 전까지 아무 의심 없이 이성애자로 살아왔던 뱅상은 브뤼노를 통해 처음 자신의 성 정체성을 깨닫게 되었고, 둘의 사랑이 시작되자마자 부모에게 그를 소개했다. 뱅상의 부모는 즉각 브뤼노를 만났고, 두 팔로 그를 받아들였다. 브뤼노가 자신이 동성애자라는 사실을 알게 된 것은 16세 때다. 어머니에게 고백했고, 며칠 뒤 어머니는 무지개가 그려진 티셔츠를 사 오셨다. 함께 '퀴어 프라이드' 축제에 가기 위해서였다. 그의 어머니는 현재 몽펠리에의 성 소수자 자녀를 둔 부모 모임을 이끌고 있으며, 매년 "내 아들은 게이다. 나는 그것이 자랑스럽다"라고 쓴 플래카드를 들고 행진한다. 아들의 결혼은 어머니들에게도 감격스러운 승리의 열매였다.

결혼식이 열리기 직전 주말까지도 동성 결혼에 반대하는 대규모 집회가 열렸다. 경찰추산 15만 명, 주최 측 추산 100만 명의 인파는 파리 시내를 누비며 그들의 진정한 속내를 드러냈다. 동성 결혼에 반대할 뿐 아니라, 차별이 존재하고 소수가 기득권을 지닌 그런 사회를 원한다는 속내를. "우린 혁명을 원하지 않는다. 우리는 전통을 원한다." 이들의 슬로건은 극으로 치닫는 우파 시위대의 본심을 쏟아내고 있었다. 1789년에도, 1968년에도, 혁명의 물결이 온 세상을 덮으며 불평등을 깨부수고, 더 넓고 더 세심한 민주주의가 시대정신에 스며드는 그 순간에도 분명히 그 흐름을 거부하는 자들은 존재했다.

역사가 새로운 장을 기록하는 순간마다 있었던 반동의 세력은 그들의 마지막 화염을 거리에 내뿜었다. 시위대 앞에 서서 톡톡히 정치적 이득을 챙기던 우파 정당의 대표도 이번이 자신이 참가하는 마지막 시위가 될 것이라고 선언한 만큼, 당분간 그들의 섬뜩한 슬로건을 거리에서 마주치는 일은 없길 바란다.

바로 다음 주말에, 레즈비언 커플이 같은 몽펠리에 시청에서 축제의 바통을 이어받았다. 축제의 빛은 파시스트들의 저주를 이기고 말 것이다.

노동자의 권리는 법보다 강하다

\

2015년 가을, 프랑스 경찰들이 파업과 집회를 강행했다. 주최 측(즉 경찰) 추산 7,500명이 모였다는데, 이 숫자는 상당히 부풀려진 것이라고 《르 몽드》는 밝혔다. 샤를리 에브도 테러 이후 부쩍 업무 강도가 높아졌으나 장비나 근무 조건은 나아진 게 없다는 것이 파업 사유였다. "정의는 상자 안에 갇혔고, 경찰들은 우울증에 빠졌다" "썩어빠진 차와 컴퓨터를 가지곤 경찰 노릇을 할 수 없다"라는 분노한 경찰의 외침에, 총리는 몇 가지의 시정을 약속했다. 프랑스 헌법은 물론 파업의 권리를 보장하지만, 경찰은 군인·판사와 함께 파업을 할 수 없는 업종 가운데 하나

석유 창고를 지키는 노동자들의 파업에서 창고에 쓰인 문구.
"산다는 것은 투쟁하는 것이다." 2016.

다. 그래서 이들은 휴가를 내거나, 업무 외 시간을 이용해 집회를 벌였다. 이들은 최근에도 시민들이 자신들을 존중하지 않고 혐오하고 무시한다면서, 경찰의 인격권을 존중해달라는 요구를 내세우며 파업을 강행했다.

때로는 판사들도 파업을 한다. 하루에 처리해야 할 판결이 너무 많다는 것이 주된 이유다. 그들이 쓰는 방식은 주로 태업을 하는 것이다. 재판 진행 중에 자신들의 슬로건을 곳곳에 써 붙여 언론에 자신들이 파업의 일환으로 태업 중임을 알린다.* 노동자의 권리는 법보다 신성하고, 권력의 노예가 되는 대신 자신들의 역할을 제대로 수행하기 위해 싸우는 것 또한 그들의 권리이자 의무이다. 경찰도 판사도 어긴 파업 금지 조항, 이제 프랑스 군인들이 어겨줄 차례다.

---

* 한국의 사법연수원생들이 연수차 프랑스 대법원을 들러, 대법원 판사와 질의 응답 시간을 가진 적이 있다. 그때 연수원생은 프랑스에서도 노동자들이 파업하면, 기업주들이 파업 기간에 본 손해배상을 노조 측에 청구할 수 있는지 물었다. 그런 일은 가능하지 않다고 판사는 답했다. 불법 파업이 자행될 경우에 정부가 개입하여 진압하기도 하냐는 질문도 있었다. 그에 대한 답은 이렇다. "파업은 노동자의 가장 기본적인 권리이므로, 그 어떤 경우에도 불법이라고 불릴 수 없다. 다만 공기업의 경우, 사전에 고지하도록 되어 있을 뿐"이라고 답했다.

"복종을 거부하라"
2016년 파리, 메이데이 풍경

\

"이런 메이데이 행진은 처음이다."

정부의 노동법 개악 시도로 격앙된 분위기에서 맞은 메이데이 행진에 참석했던 모든 사람의 탄식이었다.

3시. 하늘은 함성이 터질 만큼 맑았고 태양은 눈부셨다. 노조뿐 아니라, 엄마 아빠와 함께 나온 아이들, 친구와 어깨를 걸고 나온 고교생들. 이민자들, 문화 단체들, 정치 그룹들은 각자 자신들의 생각과 주장을 거리에서 5월의 꽃가루처럼 퍼뜨린다. 터키, 알제리, 레바논, 팔레스타인, 쿠르드족 등 파리의 지붕 아래 사는 각각의 이민자들은 그들의 감옥에 갇힌 양심수들과 독재자들을 폭로하고 투쟁의 결의를 전하며 지지를 호소한다. 노래하고, 몸을 흔들면서. 카페 테라스에 앉은 사람들은 축제를 관전하듯 행진을 바라보고, 길가에 늘어선 아파트 베란다에는 시민들이 나와 손을 흔든다. 그렇게 우리가 익숙하게 즐기던 메이데이 행진이 두 시간쯤 흘렀을 때, 사람들은 예기치 않은 소리에 발을 멈췄다.

5시. 최루탄 터지는 소리였다. 메이데이 행진에 참여한 이 많은 평화로운 시민들을 향해서, 최루탄이라니? "40년간 메이데이 행진에 참여해왔지만, 최루탄이 행렬에 날아드는 건 처음"이라고, 65세의 파리지앵은 화난 목소리로 말한다. "메이데이 행진은 프랑스의 전통 행사야" "우리 세금으로 이게 무슨 짓이야"라고 시민들은 소리쳤고, 경찰을 향해 야유를 보냈다. 두 번, 세 번 ……, 끝내 최루탄은 멈추지 않았고, 대열도 흩어지지 않았다. 한 시간의 대치 끝에 서서히 전진하여, 마침내 행렬은 목적지인 나시옹 광장에 이른다. 그때 50여 명의, 검은 옷을 입고

마스크로 무장한 청소년 그룹이 경찰을 향해 일제히 화염병을 날렸다. 경찰도 최루탄을 쏘며 그들을 공격했다. 행진 중 자주 볼 수 있던 자유로운 모습의 중고생들과는 현저하게 다른, 흡사 군대를 연상케 했던 화염병 부대의 정체는 모호했다. 경찰의 조종을 받는 그룹일 수도, 자발적인 저항 세력일 수도 있다. 화염병이 최루탄을 부른 것인지, 최루탄이 화염병을 재촉한 것인지.

"복종을 거부하라."

"경쟁과 소비는 우리를 소멸시킨다."

"증오를 보낸 자, 분노를 거둘 수밖에 없다."

"모든 것은 우리 소유다. 너희들이 소유한 것은 아무것도 없다."

3월부터 프랑스 전역에서 점점 저항의 열기를 끌어올린 '노동법 개악'을 직접 겨냥하는 슬로건보다, 그 법을 준비하는 지배계급, 그들이 이끄는 세상의 논리를 저격하는 구호들이 온 거리를 덮었다. 2월 중순, 아직 완벽하게 준비되지 않은 이 노동법 소식이 《파리지앵》의 특종을 통해 세상에 알려졌을 때, 모든 언론은 한입으로 "그 어떤 우파 정부도 하지 못한 일을 사회당 정부가 했다"고 말했다. 우파들은 사회당 정부의 친기업적 노동법을 칭찬하고, 좌파들은 경악의 일성을 내질렀다. 프랑스인의 3분의 2는 이 사안이 현 정권을 향한 거센 저항의 도화선이 될 것이라고 답했다. 과연 그러했다. 3월 9일 첫 시위에 100여 개의 고등학교가 파업에 동참했다. 그들의 참여는 정부가 가장 두려워하는 것이기도 하다. 기업과 손잡고 노동자 시민을 억누르려는 법안을 만든 사회당 정부. 그들에 대한 시민과 청년의 분노는 메이데이 행렬이 지나는 거리 벽에, 군중의 이마와 등에 새겨져 있었다.

밤 10시 30분. 3월 말부터 밤샘 시위La Nuit Debout의 성지, 새로운 저항의 메카가 된 공화국 광장은 전쟁터로 돌변했다. 전날까지, 오케스트라의 연주와 시민들의 합창이 가득 채우던 평화롭고 아름다운 광장에서는 밤 11시가 넘도록 화염병과 최루탄이 오가는 살벌한 대치가 이어졌다. 11월 테러 이후 시작된 국

"파리는 일어섰다. 너도 일어서라."
"통치 불가능해집시다."

가 비상사태는 도심에서 무장 경찰을 마주치는 일을 평범한 일로 만들었고, 무장 경찰들의 공권력 남용의 사례는 헤아릴 수 없이 늘어가고 있었다. 자유·평등·박애의 휘장을 두른 마리안Marianne 상은 폭력과 증오가 투석전을 벌이는 광장 한가운데에 쓸쓸히 서 있었다.

공화국 광장에서 진행되어온 밤샘 시위의 슬로건은 진화했다. '밤nuit'과 '일어서다debout' 사이에 "다시는 무릎 꿇는 일이 없도록Plus jamais à genoux"이 들어가 있다. 복종을 거부하는 시민들 앞에서 재선을 위해 기어이 그들을 밟고 가겠다는 지도자. 행진하던 시민이 외친 구호처럼, "국가 비상사태는 어쩌면 너희들"(사회당 정부)인지 모르겠다.

밤샘 시위 포스터. "다시는 무릎 꿇지 않기 위해 서서 보내는 밤". Paris, 2016.

독자 판권단(총 136명, 신청순)

현동엽 장윤선 김관철 이은정 김혜순 류원정 정영순 성은아 이보라 박자원 백은진 강경아 유상일 허필두 최문선 장미숙 이선정 정서희 김기택 이새나 신윤지 이인석 송현이 김홍수 정바람 이래연 김정인 최희신 유이분 주영 이건욱 박주하 이영춘 김일규 이성희 박승렬 박정연 김아름 Liberty Park 황아미 서정택 이은지 정태연 정란수 편성준 김명진 김혜은 김윤현 이채림 장윤정 문성익 송주영 조경미 김자경 안세영 김정민 조남식 김승순 서인혜 김보람 남정아 김선주 이재숙 이기백 신정민 권금영 박영림 정서현 최형선 박형애 임혜빈 이주헌 김연희 최지선 김려일 박종률 장윤정 양승미 배경민 황현호 박충식 이상미 김수경 신윤지 차유림 강정한 고관호 박은애 김상철 유우주 최혜영 최혜영 김홍수 권창석 박주하 박혜림 반여진 신지현 성은아 박순희 김봉조 박자원 최정아 이이슬 조현희 권영균 홍은혜 오승민 서미경 최형선 정연아 박승이 강민아 이태봉 김동현 신제임 박인영 황고운 이민지 최미아 정연아 이재숙 김수경 홍가혜 이유림 허훈 손주연 신정아 정순교 황수현 박경욱 최정윤 정희경 김지영 장나래

아무도 무릎 꿇지 않은 밤

초판 1쇄 발행 2016년 10월 10일
초판 2쇄 발행 2016년 11월 18일

지은이 | 목수정
발행인 | 박재호
편집 | 김준연, 강소영, 홍다휘
마케팅 | 김용범
총무 | 김명숙
종이 | 세종페이퍼
인쇄 · 제본 | 한영문화사

발행처 | 생각정원 Thinking Garden
출판신고 | 제25100-2011-320호(2011년 12월 16일)
주소 | 서울시 마포구 양화로 156(동교동) LG팰리스 814호
전화 | 02-334-7932 팩스 | 02-334-7933
전자우편 | pjh7936@hanmail.net

ISBN 979-11-85035-55-0 03300

이 도서의 국립중앙도서관 출판예정도서목록(CIP)은 서지정보유통지원시스템 홈페이지(http://seoji.nl.go.kr)와 국가자료공동목록시스템(http://www.nl.go.kr/kolisnet)에서 이용하실 수 있습니다. (CIP제어번호: 2016023427)

만든 사람들
기획 · 편집 | 강소영
교정 · 교열 | 김정희
디자인 | 이석운, 김미연
사진 | 진병관, 목수정 외